나 홀로 방송한다!

'1인미디어' 디지털 라이브 시대

나남신서 1938

나 홀로 방송한다!

'1인미디어' 디지털 라이브 시대

2017년 11월 8일 발행
2017년 11월 8일 1쇄

지은이   정경열
발행자   趙相浩
발행처   (주) 나남
주소   10881 경기도 파주시 회동길 193
전화   (031) 955-4601 (代)
FAX   (031) 955-4555
등록   제 1-71호 (1979.5.12)
홈페이지   http://www.nanam.net
전자우편   post@nanam.net

ISBN 978-89-300-8938-8
ISBN 978-89-300-8655-4 (세트)

책값은 뒤표지에 있습니다.

이 책은 방일영문화재단의 지원을 받아 저술·출판되었습니다.
이 책은 영산대학교 교내연구비의 지원을 받아 수행되었습니다.

나남신서 1938

나 홀로 방송한다!

'1인미디어' 디지털 라이브 시대

정경열 지음

'가화만사성'(家和萬事成)이라고 적힌 액자 아래로 30대 남자가 앉아 있다. 그는 직장인 미스터 박. 혼자 산다. 퇴근 후 자취방에서 방송을 자주 본다. TV가 아니라 스마트폰을 통해서다. 미스터 박이 주로 시청하는 것은 인터넷 개인방송이다. 적적함을 풀려다 지금은 개인방송 마니아가 됐다. '여캠' 방송(여성 출연자의 토크 방송)은 물론 '겜방', '먹방', '톡방'까지 가리지 않고 모두 즐긴다.

TV 주위에 옹기종기 앉았던 가족들은 사라지고 지금은 스마트폰을 손에 든 혼밥족이 나타났다. 가족은 사라져 '0'이 되고 대신 나타난 건 혼자인 '1'이다. 디지털 시대에 걸맞은 절묘한 숫자 조합이라는 생각이 든다. 이젠 모두 혼자인 시대다. 혼자 밥 먹고 술 먹고 잘 산다. 영화도 혼자 본다. 가히 1인의, 1인에 의한, 1인을 위한 1인 미디어 시대가 도래한 것이다.

통계청에 따르면 국내 1인가구는 740만. 이는 전체 가구 수의 35%에 달하는 수치다. 이와 함께 1인문화도 사회적 코드로 자리 잡고 있다. 이 문화 중 대표적인 것이 1인미디어의 변화라고 말하고 싶다. 이전에는 가족과 학교 그리고 공동체에서 이뤄졌던 공유와 소통이 이제는 각기 고립된 1인미디어에 의해 기술적으로, 더 나아가 이제는 문화적으로 가능해졌기 때문이다.

무선 LTE망의 보급과 스마트폰의 대중화로 다져진 인터넷이 기반이 되어 SNS(Social Network Service)가 성장하고 이를 이용해 개인이 자신의 글과 사진 그리고 영상을 대중에게 선보이며 자신만의 개성을 추구할 수 있게 됐다. 이어 트위터, 페이스북과 같은 SNS와 유튜브, 아프리카TV와 같은 플랫폼 회사가 생겼고 다양한 1인 콘텐츠와 그 속에서 이루어지는 공유와 소통이 산업으로 발전하기 시작했다. 수많은 1인이 발산하는 에너지는 기존 방송체계를 허물며 MCN(Multi Channel Network)이라는 완전히 새로운 미디어 시장을 탄생시켰다.

이와 함께 기존 방송계도 인적과 물적으로 대량 투입을 하던 시대를 접고 새로운 통신기술을 이용해 백팩(backpack)이라는 무선중계기를 발명해냈다. 현장성과 즉시성을 확보한 방송은 뉴스 등 방송 프로그램에서 새로운 패러다임을 제시하고 있다.

필자는 이와 같은 급격하고 거대한 변화를 '디지털 1인미디어'라고 명명하면서 현재 미디어산업을 둘러싸고 벌어지는 상황을 정리하고 의미를 찾아보려 한다. 아울러 미래에 대한 전망도 해보려 한다.

이를 위해 '중계'라는 개념을 기준으로 이를 풀어본다. '개체 사이의 매개'가 미디어 기능의 가장 큰 특징이라면 중계라는 개념이 미디어의 기능을 가장 잘 설명해 줄 수 있기 때문이다.

앞으로 미디어의 변화를 정확히 예측하는 것은 어렵다. 하지만 1인미디어를 중계라는 개념을 통해 정리하고 분석해 본다는 것은 분명 조금이나마 도움이 되리라고 생각한다. 필자가 이 책을 쓸 수 있게 해 주신 나남출판사를 비롯한 모든 분께 감사드린다.

2017년 10월
정 경 열

나남신서 1938

나 홀로 방송한다!
'1인미디어' 디지털 라이브 시대

차 례

제1부

나 홀로 중계방송이란?

중계방송의 역사 | 1인미디어 중계방송

중계방송이란?

일반적으로 '중계'(中繼)라고 하면 중간에서 대상을 넘겨받아 전달해 준다는 뜻이다. 국어사전에는 '중간에서 이어 줌'이라고 나온다. 방송에서의 중계는 현장과 방송국을 연결해 준다는 개념으로, 여기서 연결대상은 영상과 음성, 즉 방송신호를 말한다. 초기에는 스튜디오 제작의 외부 연장이란 개념을 의미했다. 즉, 스튜디오의 카메라와 마이크를 스튜디오 밖 현장까지 연장하여 방송한다는 개념이다.

정리하자면 중계방송(中繼放送, relay broadcasting)이란 방송사 내부에서 자체적으로 방송을 송출하는 것이 아니라, 방송 스튜디오 외부 현장에서 벌어진 상황을 가운데에서 이어주는 중계 송신을 통해 방송하는 포맷이다. 동시간대 상황을 생생히 전할 수 있는 '현장감'이 역시 특징이다. 시청자는 공간을 뛰어넘어 실시간으로 전해지는

그림 1-1 중계방송?

중계방송이란 방송사 스튜디오 밖 외부 현장에서 벌어지는 상황을 송수신을 통해 방송하는 형식(위)이다. 이를 위해 소백산 마이크로웨이브 중계소(아래)처럼 현장과 방송사의 가운데서 전파를 중계해주는 장치나 기지가 필요하다.   출처: 다음 블로그

전개상황을 실제로 느끼거나 즐기며 공유할 수 있다.

중계방송 종류를 내용에 따라 나누면 스포츠 중계, 기념식 중계, 선거개표 중계, 국회청문회 중계, 성당의 미사 중계, 공연 중계 등 여러 가지다. 최근에는 자연재해와 같은 돌발적 야외상황도 첨단 장비를 이용해 시청자에게 현장을 실시간으로 중계방송한다. 이외에 통신위성을 이용해 외국에서 벌어지는 현장을 전달하는 위성중계 프로그램도 있다.

방송이 TV의 전유물이었던 시절, 중계방송을 하려면 중계차(中繼車, *television car*)가 필요했다. 중계차는 마이크로웨이브(M/W, *microwave*: 극초단파) 송신기를 이용해 현장에서 수집한 영상과 음성을 방송사로 보내는 일체의 기기를 탑재하고 있다. 기기는 기본적으로 현장을 보여주는 '영상 촬영장치'와 현장음을 들려주는 '음성 수신장치' 그리고 현장과 방송국을 연결하는 '전송장치'로 구분한다.

현장과 방송사 사이가 원거리이거나 지형적 혹은 기술적으로 특수한 장치가 필요하다면 몇 개의 중계점을 설정하는 다단중계방식(多段中繼方式)으로 방송하기도 한다.

우리나라 중계방송의 태동

TV 방송이 시작되던 초기에는 장비 규모가 컸기 때문에 이동이 곤란했다. 따라서 핵심 장비는 스튜디오에 두고 최소한의 간단한 장비만 현장으로 이동했다. 방송국과 현장을 연결하는 전송장치를 옥

외방송의 주체로 본 것이다.

우리나라 최초의 중계차는 1961년 12월 31일 KBS TV의 개국 이후 등장했다. 당시 방송사가 처음 자리 잡은 남산에서 가시거리에 있는 명동 국립극장 개관식을 중계방송했는데 이때 처음 중계차가 사용됐다. 1962년 3월 21일 오후 7시 30분부터 8시 45분까지 1시간 15분 동안 생방송한 것이 중계차를 이용한 우리나라 TV 중계방송의 효시(嚆矢)가 된다.

당시 중계방송에 사용된 카메라는 총 3대. 수동 줌렌즈가 부착된 카메라 1대와 스튜디오에 설치했던 카메라를 해체한 뒤 이를 재조립한 카메라 2대로 중계방송을 했다. 마이크로웨이브 송신기를 버스 위에 설치해 남산 송신소로 신호를 전송할 수 있었다. 생생한 개관식 실황을 시청자에게 전하기 위해 총동원된 KBS 기술진 덕분이었다.

이후 방송이 차츰 안정화되고 방송시간도 증가함에 따라 남산 송신소 철탑이 보이는 곳이면 어디든 중계를 통해 스포츠 행사, 야외 프로그램 등의 방송이 가능해졌다. 1962년 3월에서 10월까지 6개월간 55회 중계에 112시간 9분이라는 누적시간이 기록을 통해 전해진다.

한편, 중계차의 중요성을 인식한 KBS 기술진은 1962년 초부터 중계방송에 관한 자료를 수집하고 연구했다. 그 결과, 포항 이동방송국이 관리하던 이동방송차를 인수해 2개월에 걸친 작업 끝에 TV 중계차로 직접 개조해 내기도 했다(오승룡, 2015. 1. 6).

이처럼 중계방송은 태동기에서부터 현장에 나간 중계차가 영상과 음성을 최대한 수집하고 이를 무선중계를 통해 마이크로웨이브

그림 1-2 우리나라 최초 중계차

1962년 3월 21일 명동 국립극장 개관식을 생중계하기 위해 개발된 우리나라 최초의 중계차. 방송사가 위치한 남산과 가까운 국립극장에서부터 중계를 이용한 방송이 처음 시작됐다.

출처: 오승룡 춘하추동방송

나 전용선 또는 위성으로 중계하는 방법을 통해서만 가능했다. 마이크로웨이브를 통한 무선중계는 적은 전력으로 전파를 이용해 멀리까지 방송신호를 보내는 가장 고전적인 중계방식이다. 이 경우, "중계차-마이크로웨이브-방송국"의 단계를 거쳐 중계가 이뤄진다.

1㎓ 이상의 고역 주파수를 사용하는 마이크로웨이브 중계방식은 전파의 직진성(直進性) 때문에 송수신기 사이에 장애물이 없어야만 중계할 수 있다는 치명적 단점을 안고 있었다. 따라서 도서(島嶼) 지방이나 산간오지에서 벌어지는 현장중계는 힘들었다. 이 경우, 서울까지 영상을 전송하기 위해서는 2~5단계 중계지점을 두는 다단중계방식만이 유일한 해법이었다. 하지만 이 역시 중계요원이 산꼭대기마다 올라가 야영해야 하는 등 어려움이 많았다. 특히, 도시 발달로 고층빌딩이 급증하자 이는 방송국 입장에서 고스란히 무선중계를 막는 걸림돌이 되었다. 이내 무선중계는 한계에 봉착했고 그 대안으로 통신위성을 이용한 중계방식이 떠올랐다.

위성중계

위성중계(衛星中繼, SNG: Satellite News Gathering)는 무선통신 중계를 위해 지구에서 쏘아 올린 인공위성을 이용하는 방송을 말한다. 하늘에 떠 있는 통신용 인공위성으로 방송전파를 송수신할 수 있기 때문에 지상 장애물과 상관없이 국내외 오지 중계에 아주 유용하며 필수적이다. 1991년 걸프전 때 미국 CNN이 이 장비로 전쟁 상황을

그림 1-3 위성중계와 위성방송

1991년 걸프전을 위성을 이용해 중계한 미국 CNN은 위성중계방송의 위력을 전 세계에 알렸다(왼쪽). 위성방송은 파라볼라 안테나(오른쪽)를 단 시청자에게 위성을 통해 방송사가 직접 방송을 송신하는 것을 말한다.　　　　　　　　　　　　　　　　　　　　　　　　출처: CNN, 스카이미디어

생생히 전달해 세계적 방송사로 유명해졌다(김강석, 2014).

　중계차 투입이 불가능한 지역에서 활용되는 위성중계 시대가 국내에서 본격적으로 열린 것은 지난 1995년 무궁화위성 발사 덕분이다. 이와 같은 위성중계의 경우, "중계차-SNG 중계차-위성-방송국"의 순서로 중계가 이뤄진다.

　위성방송과 위성중계를 흔히 혼동하기 쉽다. 위성방송은 위성에 탑재된 100W 이상의 대출력 중계기를 이용해 방송사의 방송신호를 받아 다수의 시청자에게 방송을 직접 내보내는 것을 말한다. 위성이 시청자를 위한 송신소 역할을 하는 것이다. 예를 들어, 국내에는 스카이라이프(SkyLife)와 같이 주택 외부에 설치한 파라볼라 안테나(*parabolic antenna*: 접시 안테나)를 통해 방송을 수신하는 위성방송국이 있다.

　반면 위성중계는 위성에 탑재된 통신용 10W급 소출력 중계기(SNG)를 이용해 현장영상을 방송사로 전송하는 일종의 중계기기의 역할을 한다. 위성에는 방송용 중계기와 통신용 중계기가 모두 장착되어 있다. 최근엔 휴대용 SNG까지 나와 해외취재 등에 투입된다.

인터넷 중계

인터넷 시대의 서막이 오르며 전 세계가 통신망으로 연결되었다. 전송기술이 발달하면서 이제는 국내외 어디서나 인터넷 IP망을 이용한 전송이 가능해졌다. 이는 방송중계에 큰 전기를 마련했다. 방송 초기에는 중계차에 방송 제작시설을 탑재하여 제작과 편집이 현장에서 실현되었다. 그러나 인터넷의 발달로 이 중계차의 존재에 의문을 갖게 되었다. 1인미디어 중계 시대를 알리는 서막이 '인터넷 중계' 시대에 펼쳐졌다.

중계차 대신 인터넷으로 중계할 경우 국가와 지역에 따라 트래픽에 따른 인터넷 범용망의 상황과 방송품질이 차이 나기 때문에 방송사는 자신에게 맞는 중계방식을 선택적으로 사용해야 한다. 전송속도가 늦거나 불안정하면 방송이 불가능하기 때문이다. 그래서 방송사는 방송품질 유지를 위해 별도의 비용을 감수하며 전용 IP망을 쓰기도 한다. 인터넷망을 이용하기 때문에 국경과 상관없이 전 세계에 방송할 수 있지만 시청료를 받을 수 없어 제작 및 운영비는 보통 광고료에 의존한다.

한편, 전용망을 이용하는 전용선 중계도 있다. 이는 현장에서 방송사로의 중계과정에서 전파나 위성이 아닌 전용선을 이용하는 방식이다. 전용선 중계는 "중계차 - 전용선(광라인) - 방송국"의 순서로 이루어진다. 전용선 중계는 무선이나 위성보다 비교적 안정적인 회선과 폭넓은 대역폭을 유지할 수 있다는 장점이 있다. 무선 노트북이 아닌 유선 데스크톱으로 인터넷을 이용하는 것과 같은 이치다. 하지만 전용시설이 필요하고 회선 구축 및 유지에 비용이 많이 든다.

이동통신 중계

중계방송은 이동통신의 발전과 함께 새로운 전기를 맞았다. 종래의 중계방송이 일정 장소에서만 가능한 고정식이었다면 이동통신은 중계현장의 자체적 이동을 가능케 했다.

이동통신의 발전과정은 중계방송과 궤(軌)를 같이한다. 이동통신은 큰 범주로 1세대(1G), 2세대(2G), 3세대(3G)로 나뉘며 현재 4세대(4G) 이동통신 방식으로 발전했다. 그리고 현재 이동통신 업계는 2025년을 목표로 5G를 향해 나아가고 있다. 각 세대 구분의 가장 중요한 기준은 데이터 전송속도 차이에 있다.

음성을 그대로 전송하는 방식의 '아날로그 통신' 시대였던 1988년과 1996년 사이, 1G (generation) 이동통신은 전송 데이터양과 전송속도에 한계가 있었다. 더욱이 사용자가 많이 몰리면 주파수 부족으로 아예 통화가 되지 않는 경우도 발생하는 등 문제점이 많았다. 따라서 이를 방송중계에 사용하기에는 무리가 따랐다.

2G 이동통신 방식은 1G 이동통신의 단점을 개선했다. 음성을 디

지털 신호로 변환해 전송하는 이른바 '디지털 통신'이었다. 통신 방식이 디지털로 전환됨에 따라 데이터 전송속도는 14.4~64Kbps로 빨라졌고 훨씬 더 깨끗한 품질의 통화를 할 수 있었다. 휴대폰 번호 앞자리가 011, 017 등인 2G 이동통신 규격이 대체로 이에 해당한다.

참고로 2G 이동통신 규격은 GSM(Global System for Mobile Communications: 유럽 방식)과 CDMA(Code Division Multiple Access: 미국 방식)로 나뉜다. 전 세계적으로는 GSM을 더 많이 사용했지만 국내는 모두 CDMA 방식을 채택했다.

3G 이동통신은 2002년 12월부터 상용화되어 현재까지 보편적으로 사용되고 있다. 유럽식 GSM은 WCDMA로, 미국식 CDMA는 CDMA 2000으로 각각 나뉘어 독립적으로 발전했다. 3G 이동통신 규격의 전송속도는 144K~2.4Mbps로, 실시간으로 동영상이나 사진 등을 전송할 수 있을 만큼 전송속도가 향상되었다.

전송속도가 어느 정도 담보된 3G 이동통신 시대를 맞이하면서 방송중계는 본격적으로 혁신됐다. 이동통신망의 등장은 곧 이동전송을 가능케 했다. 카메라로 촬영한 영상과 음성을 달리는 차량 안에서 바로 전송할 수 있었고 산간오지나 도심 빌딩숲 등 어떠한 현장에서도 중계차의 도움 없이 바로 영상을 보낼 수 있게 되었다. 전국 곳곳에 배치된 이동통신사 기지국이 영상신호를 릴레이(*relay*)하는 중계차 역할을 하게 된 것이다. 따라서 방송사가 중계기지를 자체적으로 세우거나 중계차를 별도로 배치할 필요가 없었다.

이동통신망을 최초로 이용한 사례로는 2006년 4월 SBS 프로그램 〈기아체험 희망TV 24시〉를 꼽는다. 이 프로그램은 HSDPA(High

그림 1-4 중계방식의 변화

대규모의 인적·물적 자료가 많았던 기존 중계차를 이용한 중계(위)에서 무선 LTE를 이용한 간편한 소형장비의 DMNG 중계(아래)로 영상을 전송하는 시대가 열렸다.　　　　　　　　　　　　　　　　출처: 디투에스, LiveU

Speed Downlink Packet Access: 3. 5세대 이동통신 방식으로 기존 CDMA 나 W-CDMA보다 빠르다)를 여러 개 묶어 올림픽 금메달리스트인 문 대성 선수를 생중계했다. SBS는 이어 2007년 말 대통령 선거에서 HSDPA와 와이브로(WiBro: 무선 광대역 인터넷기술)를 동시에 사용 해 안정성을 더욱 확보하는 기술적 진보를 선보였다. 대통령 당선자 의 동선을 추적한 이동중계와 여러 개표장을 잇는 다원 실황중계는 시청자에게 신선한 파장을 던졌다. KBS도 2009년 노무현 대통령의 장례식 중계에서 이동통신망을 이용했다.

하지만 당시만 해도 이동통신망을 이용한 중계는 방송사에게 위 험부담이 큰 중계방식이었다. 와이브로를 이용할 경우 불통 지역이 전국 곳곳에 아직 산재했고 동시에 여러 방송사가 동일 방법으로 중계할 경우 이동통신 기지국에서 신호폭주로 인해 영상을 제대로 전송하지 못할 수도 있었다. 또한 고화질 영상은 데이터의 양이 많 기 때문에 비용도 적지 않게 드는 형편이었다. 당시 이동통신 중계 방식은 비용문제와 중계의 안정성 문제 때문에 상용화하기 힘든 기 술로 인식되었다.

LTE 중계

이러한 비용과 안정성에 대한 고민은 LTE(Long Term Evolution)[1]
의 등장으로 한결 덜 수 있었다. 3세대 이동통신을 '장기적으로 진
화'한 기술이라는 뜻에서 붙여진 LTE는 영상데이터 압축과 전송기
술이 비약적으로 발전하면서 나온 결정체다. 이동통신망을 이용해
실시간으로 모든 것을 중계할 수 있는 4세대 이동통신기술과 이 기
술을 이용한 방송중계가 보급되면서 고가의 장비인 중계차의 역할
은 점점 줄어들었다. 대신 그 역할을 카메라의 뒤나 앞에 부착할 수
있는 LTE 라우터(*router*: 네트워크 중계장비)[2]가 한다.

간편한 소형 장비만으로 이동까지 하면서 영상을 전송할 수 있는
MNG(Mobile News Gathering)[3] 시대가 열린 셈이다. 라우터를 카
메라에 연결하는, 이른바 '백팩'(*backpack*)이라고 불리는 개인 휴대

---

1 4G 이동통신기술을 말한다. LTE가 3세대 이동통신과 구별되는 가장 큰 특징
은 속도다. LTE는 정지 상태에서 1Gbps(1,000Mbps), 시속 60㎞ 이상 고속
이동 시에는 100Mbps 이상의 속도를 제공한다. 이는 시속 120㎞로 달리는
자동차에서 700Mb짜리 영화를 3분 만에 다운로드할 수 있는 속도다.
2 LAN과 LAN을 연결하거나 LAN과 WAN을 연결하는 인터넷 네트워킹 장비
로서, 임의의 외부 네트워크와 내부 네트워크를 연결한다. 방송용 카메라에
LTE, 와이브로, 와이파이(Wi-Fi) 등에 접속할 수 있는 장비가 부착되어 촬
영한 영상을 무선 통신망으로 전송할 수 있다.
3 방송용 카메라 등으로 취재한 영상물을 LTE와 같은 무선 통신망으로 전송하
는 방식이다. 주로 중계차가 들어가지 못하는 곳에서 사용되며 재난재해나
긴급보도 등 사건 현장에서 간이 시스템만으로도 고화질 생방송을 할 수 있다
는 장점이 있다.

방송중계 장비가 MNG 시대의 총아로 중계방송의 신세대를 열었다. 신생방송사인 종합편성채널 등은 기존 공중파 방송사보다 인력과 예산이 부족하여 이런 간편한 장비를 이용한다.

LTE 중계가 기존의 무선중계 차량이나 SNG를 이용한 위성중계보다 화질과 음질이 대폭 떨어지는 것도 아니다. 통신사가 LTE를 빠른 속도로 보급했기 때문에 전송량에 대한 단위당 단가도 낮아져 과거보다 비용에 대한 부담도 훨씬 덜하다.

이제 배터리만 충분히 확보하면 언제 어디서든지 이동 촬영중계가 가능하다. 예를 들어 마라톤 중계의 경우 기존 위성중계와 유선중계와는 달리 오토바이를 타고 이동하면서 선수를 근접 촬영한 영상을 LTE로 중계하거나, 소형무인기인 드론(*drone*)에 LTE 장비를 장착해 공중 촬영한 영상을 실시간 중계하는 게 가능해졌다. 최근 전국에 LTE망이 보급되면서 사실상 전국 전역에서 LTE 중계가 가능하기 때문에 백팩이라 불리는 MNG 중계기술의 활용도는 더욱 높아질 듯하다(신동흔, 2014).

LTE망은 전국에 촘촘하게 구축되어 어디서나 사용할 수 있고 속도와 안정성이 높다는 장점 덕에 방송 중계용으로 주목받는다. 위성을 이용할 때보다 비용을 크게 줄일 수 있다는 장점도 있다. 'SK텔레콤'과 'KT', 'LG유플러스'와 같은 통신업계는 LTE망을 통한 중계방송을 위해 공중파 방송국, 종합편성채널 등과 협력하려 한다.

각 방송사는 통신사 LTE 모뎀을 구매하는 등 LTE망을 통해 방송할 준비를 마쳤다. LTE 모뎀은 카메라로 촬영한 영상을 LTE망으로 전송할 수 있도록 변환해 주는 장비다. 방송사는 혹시 발생할 수 있는 문제를 감안해 대부분 복수 통신사 장비를 구매해 사용한다. LTE망을 방송에 사용하면 기존에 위성을 사용할 때보다 송출 비용을 절감할 수 있고 방송 제작과 송출을 위한 인력과 장비도 줄일 수 있다.

SNS 중계

휴대용 통신기기를 사용한 SNS(Social Network Service: 사회망 서비스)를 통해 개인이 생중계방송을 할 수 있는 시대가 열렸다. 첨단의 통신 서비스는 누구나 방송국이 되어 실시간으로 방송을 중계할 수 있는 기술적 기반을 제공했다. 이른바 '1인방송' 시대다.

이는 이용자 참여형 생중계방송 서비스가 등장하며 이뤄졌다. 개인이 휴대하고 다니는 모바일 기기는 누구나 동영상 콘텐츠를 만들어 인터넷을 통해 공유하는 수준을 넘어, 언제 어디서나 그리고 누구에게나 생중계할 수 있는 환경을 만들었다.

2000년대 중반, PC 보급과 초고속 인터넷 상용화로 실시간 방송 환경이 갖춰졌다. 이런 흐름을 타고 국내에서도 대중이 영상을 실시간으로 방송할 수 있는 서비스가 하나둘 등장했다. '아프리카TV'와 '판도라TV', '다음 TV팟' 등이 대표 사례다. 최근엔 네이버도 서비스를 출시했다.

이 가운데 먼저 두각을 나타낸 건 '아프리카TV'다. 아프리카TV는 2006년 3월 국내에서 정식 출시된 생중계 서비스다. '아프리카'

그림 1-5 SNS 생중계

유튜브와 페이스북을 이용한 SNS 중계로 누구나 동영상 콘텐츠를 만들어 인터넷을 통해 공유하고
생중계할 수 있는 환경이 조성됐다. 사진은 공연실황을 유튜브라이브로 중계하고 있는 장면.

출처: 정경열

란 이름은 '자유로운 무료 방송'(*all free casting*)에서 따왔다. 아프리
카TV는 '별풍선'이라는 후원 시스템을 통해 국내 온라인 생중계 서
비스를 선도했다.

국내에 아프리카TV가 있다면 세계적으로는 '유튜브'와 '페이스
북', '유스트림'이 있다. 이 중 유스트림은 2007년 미국에서 출시된
동영상 생중계 서비스다. 유스트림은 '유비쿼터스'(*ubiquitous*)와 '스
트리밍'(*streaming*)을 합친 단어로 언제 어디에서나 실시간으로 흐
른다는 의미를 담고 있다.

모바일을 이용한 SNS 생중계방송은 개인의 일상을 공유한다는
비상업적 목적과 함께 기업의 산업적 수단으로도 떠오르기 시작했
다. 최근엔 동영상을 제작해 생방송하는 '크리에이터'(*creator*) 집단
을 모아 여러 가지 채널을 형성하고 이를 하나의 방송국 형태로 만

들어 관리하는 MCN(Multi Channel Network) 산업도 탄생했다. 국내에선 'CJ E&M'이 적극적으로 나서서 생방송 콘텐츠에 대한 수요와 공급을 창출하고 있다.

생방송 콘텐츠의 종류는 매우 다양하다. 아이돌 가수 같은 연예인뿐만 아니라 인기 요리사, 뷰티 크리에이터 등도 라이브 방송을 진행한다. 일반인이 독특한 콘텐츠로 고수익 스타로 탄생하는가 하면 연예기획사와 스타도 모바일 생방송을 적극적으로 활용해 자신의 가치를 한층 더 높인다.

한편, 최근 페이스북의 라이브 서비스는 20대 총선과 함께 크게 주목받았다. 여러 후보자가 유세과정을 페이스북 라이브 서비스를 통해 공개하는 등 MCN 방송 서비스를 유권자에게 자신을 알리는 통로로 사용했다. 페이스북 역시 종합편성채널과 개표방송을 진행하는 등 20대 총선을 라이브 서비스를 알리는 중요한 기회로 활용했다. 이처럼 모바일 통신을 이용한 SNS 중계는 방송의 영역을 넘나들며 새로운 미래를 개척하고 있다.

이른바 SNS를 이용한 개인의 방송 참여는 기존 '매스미디어'의 벽을 허물고 양방향 소통의 길을 열었다. 또한 최소비용으로 누구나 방송국이 될 수 있다는 사회문화적 현상을 확산하고 있다. 바야흐로 '1인미디어' 방송시대가 찾아온 것이다.

1인미디어의 정의

시대의 변화는 젊은 층의 움직임에서 감지된다. 한국언론진흥재단이 2016년 10대 청소년의 미디어 이용실태를 조사한 결과, '1인방송'을 시청한 경험이 있는 청소년의 비율이 26.7%로 신문, 라디오는 물론 '팟캐스트'(*pod cast*) 등 기존 미디어를 모두 앞질렀다. 미국에서도 비슷한 일이 벌어지고 있다. 청소년의 유튜브 시청시간이 케이블TV를 처음으로 넘어섰다는 설문조사 결과가 발표되기도 했다.

이와 같은 1인미디어의 급격한 확산은 일상화된 인터넷과 스마트폰, 태블릿 PC 등 대중화된 스마트 기기의 보급과 매우 긴밀한 관계가 있다. 개인은 인터넷과 스마트 기기를 통해 언제 어디서나 정보와 의견, 콘텐츠 등을 활발히 교류하고 공유한다. 이를 '1인미디어'라 부른다. 1인미디어는 개인 블로그나 SNS 등을 기반으로 두어 다양한 콘텐츠를 생산하고 공유하는 새로운 형태의 커뮤니케이션

그림 2-1 1인미디어 시대

1인미디어 시대를 알리는, 한 신문만평에 나타난 라이브 영상중계 장면.   출처: 〈민중의소리〉

플랫폼이다. 이들은 송신자이자 수신자의 역할을 동시에 수행하며 미디어 채널로서 기능한다.

 1인미디어는 레거시 미디어(legacy media)[1]보다 양방향성과 상호작용성이 확대됐으며 정보의 공유와 확산속도가 빨라 파급력이 크다는 점이 특징이다. 트위터, 페이스북 등의 SNS 서비스를 포함하여 유튜브, 아프리카TV 등 1인방송 미디어 서비스가 인기를 끌고 있는 플랫폼이다.

---

1 기존의 신문과 방송 등 '올드 미디어'(old media)를 지칭하는 용어.

1인미디어의 탄생과 변화

1인미디어의 배경

이처럼 1인미디어가 최근 큰 주목을 받으며 빠른 속도로 확산한 배경은 크게 3가지로 나눠볼 수 있다.

첫째, 양방향 실시간 교류를 가능케 해 준 인터넷기술과 환경의 발달이다. 정보통신기술의 발전은 단위시간당 데이터 전송량을 급격히 향상했고 '5G' 시대를 열었다. 무선인터넷이 대중화되면서 개인은 장소를 가리지 않고 콘텐츠에 쉽게 접근하게 되었다.

둘째, 스마트폰과 같은 첨단 디지털 기기의 보급이다. 누구나 손안에 스마트폰을 쥐고 있는 시대에 양질의 콘텐츠에 대한 수요는 급격하게 증대했다. 더욱 쉽고 빠르고 편하게 소비할 수 있는 동영상이 문화의 트렌드로 자리 잡은 이유다.

셋째, 콘텐츠에 대한 서비스 확대와 기술적 진입장벽 완화다. 누구나 스마트폰으로 고해상도 영상을 찍어 짧은 시간 안에 별다른 기술 없이 방송을 제작하고 송출할 수 있다. 비용이 별도로 소용되는 일도 없다. 이 같은 변화는 유튜브, 아프리카TV와 같은 플랫폼이 등장하며 가능해졌다.

1인미디어의 변화

'싸이월드'의 '미니홈피'라는 등 논란의 여지는 있으나 1인미디어의 출발점은 대체로 '블로그'(*blog*) 로 본다. 2006년 포털사이트 '다음'(Daum) 의 블로거뉴스 서비스는 1인미디어 시대를 처음으로 열었다. 포털에서 제공하는 블로그 서비스는 별도의 웹 프로그래밍 없이 기본 툴(*tool*) 을 이용해 손쉽게 콘텐츠를 생산할 수 있었다. 따라서 서버를 관리하거나 웹디자인을 하는 기술적 문제에서 자유로웠고 콘텐츠 내용에 더욱 집중할 수 있었다.

당시 블로그는 텍스트(*text*: 글, 문자) 기반이었다. 개인이 블로그에 글을 쓰면서 개인의 영역이 쌓였고 이를 다른 사람과 공유하면서 미디어의 기능을 갖기 시작했다. 인기 블로그를 운영하는 블로거(*blogger*) 는 미디어의 역할을 충분히 수행하기 시작했다.

텍스트 위주인 블로그의 인기가 차츰 시들해지면서 한때 그 자리를 웹캠(*web cam*) 을 통한 동영상 방송과 오디오만을 제공하는 팟캐스트가 대체했다. 인터넷이 대중화되면서 개인 홈페이지(홈피) 와 웹진(*webzine*) 붐이 일기도 했다. 이후 인터넷기술의 발달로 네트워크의 용량이 커지고 디지털카메라의 보급으로 영상 콘텐츠 제작이 대중화되자 1인미디어의 핵심 콘텐츠는 텍스트, 사진 혹은 오디오에서 영상 중심으로 급속히 바뀌었다.

영상 콘텐츠의 파급력과 영향력은 텍스트나 오디오 콘텐츠보다 훨씬 크기 때문에 현재는 영상 콘텐츠가 1인미디어의 대세다. 실시간으로 중계를 통해 전해지는 영상은 사람 사이의 시간과 거리라는

그림 2-2 1인미디어 시대의 시작, 다음의 블로거뉴스

다음의 블로거뉴스 서비스에 참가할 블로거를 모집한다는 2006년 광고. 이는 1인미디어 시대를 여는 서막이었다.

출처: 다음

제약을 없애주며 방송이라는 기능을 수행한다. 이제 1인미디어는 1인방송으로 세분되었다.

특히, 2008년 아프리카TV가 개국하면서 1인방송 시대가 본격적으로 시작되었다. 최근 1인미디어의 가장 큰 특징은 블로그나 팟캐스트와는 달리 실시간으로 영상을 중계하는 방송이라는 점이다. 재능 있는 1인방송 진행자는 유튜브, 아프리카TV 등의 인터넷방송을 통해 시청자와 직접 만난다.

1인방송에서는 콘텐츠 기획과 제작, 유통 모두를 개인이 맡는다. 동시에 누구나 스타가 되고 미디어가 될 가능성이 열렸다. 1인방송의 창작자인 크리에이터는 기존 방송이 제시하지 못했던 친근한 일상성과 생생한 현장성을 바탕으로 사용자의 다양한 요구를 콘텐츠에 반영하면서 참여와 개방의 방송을 구현해내고 있다. 이렇듯 1인미디어는 인간의 소통욕구와 표현욕구를 나름의 방식으로 충족하고 반영하는 현대의 문화적 표현양식이다.

1인미디어의 성격

접근과 참여의 용이

유선으로 인해 장소의 제약이 많았던 과거와는 달리 현재 무선인터넷의 대중화와 모바일 기기의 급격한 발전은 1인미디어의 고속성장을 주도하고 있다. '우리나라 국민 열에 아홉은 스마트폰을 가지고 있고 셋은 1인방송을 봤다'는 통계에서 알 수 있듯이 이는 곧 새로운 문화현상이며 커뮤니케이션의 새로운 패러다임 설정으로 정의할 수 있다.

이와 같은 무선통신과 스마트 기기의 보급은 1인미디어에 접근과 참여를 손쉽게 할 수 있는 환경을 제시했다. 이는 세계 곳곳에서 시시각각 발생하는 사건과 이슈에 대해 개인이 영상중계를 통해 직접 실시간으로 접근하고 참여하며 또 이를 전파할 수 있다는 측면에서 또 다른 유형의 저널리즘이 탄생했음을 의미한다.

주체적 생산과 유통

1인미디어의 등장은 기존의 매스미디어만 방송할 수 있다는 통념을 해체했다. 이제는 누구나 방송 콘텐츠를 생산하고 유통할 수 있다. 별도의 전문 프로그래밍을 익히지 않아도 몇몇 기본 툴을 활용하여 콘텐츠를 생산·가공하고 이를 중계할 수 있다. 개인이 인터넷과 모바일이란 네트워크를 이용해 주체적 구성원으로서 콘텐츠를 생

그림 2-3 억대 수입 1인미디어의 등장

고수익을 올리는 1인미디어의 등장은 방송뉴스를 비롯한 언론의 큰 관심거리였다. 1인미디어는 새로운 산업의 주인공으로 활동하고 있다.

출처: SBS

산하고 주도적으로 유통하는 것이 1인미디어의 특징이다. 개인이 미디어에 대해 소비자였던 종전 관계는 1인미디어의 등장으로 생산자로서 재정립됐다.

　그 결과, 콘텐츠 생산으로 참여와 공유를 넘어 수익창출까지 연결하는 1인미디어가 등장했고 이 중 일부는 억대 수익을 올리며 새로운 산업의 주인공으로 활동하고 있다.

쌍방향성 수평구조

이렇듯 콘텐츠 생산자와 소비자의 경계를 무너뜨린 1인미디어는 생산자(창작자)와 소비자(시청자)의 친밀한 쌍방향 통신을 통해 소비자의 참여와 소통욕구를 충족한다. 1인미디어 방송은 시청자의 참여를 유도하고 실시간 소통을 방송 콘텐츠에 포함함으로써 레거시 미디어에서 얻기 힘들었던 정서적 유대감을 제공한다.

시청자에게 일방적이며 수직적인 정보제공만을 해왔던 레거시 미디어와는 달리, 1인미디어는 쌍방향 수평구조로 시청자와 네트워크를 강화해 접근성을 높여 콘텐츠에 직접 참여할 수 있는 개방적 미디어 환경을 구현해냈다.

공유 · 참여 · 개방

이와 같은 쌍방향성 수평구조는 '공유 · 참여 · 개방'이라는 1인미디어의 가치를 만든다. 누구나 특별한 진입장벽 없이 정보를 생산 · 가공하고 의견을 자유롭게 공유할 수 있기 때문이다. 사실 1인미디어의 성장은 이들 가치를 기반으로 두어 이뤄졌다고 해도 과언이 아니다. '온라인'이라는 장에서 펼쳐지는 공유 · 참여 · 개방의 커뮤니케이션 축제가 바로 1인미디어의 매력이라고 볼 수 있다.

SNS를 통해 콘텐츠를 굳이 직접 만들지 않더라도 '좋아요'를 누르거나 '별풍선'을 제공하거나 실시간 채팅을 하며 중계방송에 직접 참여할 수 있다. 1인미디어의 진행자는 시청자의 피드백에 즉시 반응하며 시청자는 게임, 뷰티, 패션, 먹방, 쿡방 등 다양한 콘텐츠 가운데 자신이 좋아하는 소재에 높은 로열티(loyalty)를 보인다. 이와 같은 관계는 새로운 커뮤니티를 형성하며 가족이나 친구, 학교나 직장 커뮤니티보다 우선시되는 경향도 나타나고 있다.

새로운 네트워크의 형성

1인미디어의 등장은 곧 커뮤니케이션 네트워크 구조의 변화를 이끌었다. 모바일상의 '온라인 퍼스트'(online first)[2]라는 커뮤니케이션 혁명의 시대를 맞이하는 계기가 되었으며 이는 하나의 사회문화적 현상으로 정착하였다.

1인미디어는 동등하고 쌍방향적인 수평구조의 커뮤니케이션 환경 속에서 인적 관계를 넓히는 사적 공간과 개방적이고 확산적인 네트워크에서 정보를 교류하는 공적 공간으로서의 가능성을 모두 지닌다.

창작자와 시청자의 일대일 네트워크를 넘어 일대다(一對多) 커뮤니케이션이 가능하며 이렇게 형성된 커뮤니케이션이 무한대로 확산·배포될 수 있는 1인미디어의 네트워크는 주체적으로 메시지

그림 2-4 1인미디어 등장과 온라인 퍼스트

1인미디어의 등장은 모바일상의 온라인 퍼스트라는 커뮤니케이션 혁명과 함께 새로운 네트워크가 형성되는 계기가 되었다. 출처: David King

---

2 미디어 분야에서 기존의 아날로그에 반하는 개념이 '디지털 퍼스트' 전략이라면, '온라인 퍼스트'는 웹을 이용한 온라인뿐만 아니라 모바일상의 무선 온라인까지 포함하는 개념이다.

를 생산·배포하려는 생산자와 소비자의 네트워크에 대한 포괄적 욕구를 반영할 수 있게끔 매우 용이하게 시스템화되었다는 것이 특징이다. 이들은 1인미디어로 연결된 온라인 네크워크를 통해 사회적 관계 맺기, 평판, 추천 등을 서로 주고받음으로 정보의 신뢰성과 투명성을 제고한다.

파급과 확산

1인미디어는 블로그와 트위터, 페이스북, 카카오스토리 등 SNS를 기반으로 두어 그 어떤 미디어보다 빠른 속도로 정보를 교류하고 여론을 형성한다.

그림 2-5 정보의 개방과 교류, 빠른 확산과 여론형성

1인미디어는 SNS를 기반으로 두어 빠른 속도로 정보를 개방하고 교류·참여하며 여론을 형성한다. 2016년 대통령 탄핵 촛불집회 당시 참가자들은 SNS를 통해 실시간으로 정보를 교환했다.

출처: 〈한겨레〉

2016년 박근혜 전 대통령 탄핵 촛불집회는 참가자 사이의 SNS를 통해 매시간 집회장소와 행동지침이 알려졌다. 또 수많은 참가자가 SNS로 현장을 실시간 중계하기도 했다. 댓글, 리트윗(retweet), 멘션(mention) 등 1인미디어의 쌍방향 커뮤니케이션 기능과 네트워크 형성 기능을 활용함으로써 특정 이슈에 대한 정보교류를 활성화하고 전파시간을 크게 단축하여 대중이 모바일에 형성된 여론을 실시간으로 인지하고 그 파급력이 순식간에 확산된 경우다. 이는 마치 세포분열을 연상시킨다.

이러한 파급력을 바탕으로 1인미디어는 기존 미디어에 못지않거나 혹은 우등한 영향력을 가지기 시작했다. 최근의 1인미디어 스타는 연예인 못지않은 인기와 영향력을 누린다. 젊은이 사이에서 '대통령'으로 불리는 크리에이터도 있다.

기존 방송과 1인미디어 비교

기존 방송은 정규 방송사가 프로그램을 제작하여 송출하거나 실시간으로 중계하는 것을 일컫는 말이었으나 1인방송은 활성화된 인터넷을 기반으로 두어 각 개인 또는 집단이 방송하는 것을 말한다.

그렇다면 기존방송과 1인미디어의 차이점은 어떨까? 인터넷의 상호작용성과 비동시성, 양방향성 등을 기반으로 둔 1인미디어와 일방적 정보를 쏟아내던 기존 방송과의 차이점을 비교해 보자.

무엇보다도 첫째, 1인방송은 시청자가 채팅을 통해 실시간으로

그림 2-6 1인방송의 장점

한 마이크 회사의 광고. 1인방송은 스마트폰에 간단히 연결할 수 있는 저렴한 마이크 구입만으로도 어디서든 가능하다.　　　　　　　　　　　　　　　　　　　　　　　출처: 솔로캠

방송에 참여할 수 있기 때문에 쌍방향 소통이 가능하다는 큰 특징이 있다. 기존 방송이 방송사에서 제작한 콘텐츠를 일방향으로 내보내던 것과 비교하면 획기적이다. 기존 방송의 일방향적 미디어 의제설정과 전달방법과는 달리 1인미디어는 쌍방향 커뮤니케이션으로 기본적 의견교환을 활성화하고 더 나아가 토론의 장을 마련함으로써 여기서 나온 결과를 공론화할 수 있는 민주적 의제설정 기능의 가능성을 보여준다.

　둘째, 1인미디어는 기존의 방송처럼 여러 단계의 게이트키핑 과정을 거치지 않기 때문에 이용자가 원하는 정보를 가감이나 첨삭 없이 중계를 통해 전달한다. 그 때문에 콘텐츠 자체의 신뢰성과 현장성이 담보된다. 그러나 창작자의 특정 목적에 따라 시청자가 이

표 2-1 기존 방송과 1인미디어 방송 비교

구분	기존 방송	1인미디어 방송
방향성	일방향	양방향
게이트 키핑	엄격	전무 혹은 개인기준
제작비용	고가	저렴
관계	공적	사적
대상	불특정 다수	특정 소수
방식	전달과 수용	참여와 공유, 확산
접근권	폐쇄	개방

용당할 가능성도 있다.

셋째, 1인방송은 기존 중계방송보다 비용이 훨씬 저렴하며 정보를 쉽게 파급하고 저장하고 교환할 수 있다. 또한 다양한 커뮤니티와 커뮤니케이션 네트워크를 구축할 수 있다.

하지만 1인방송으로 생긴 사회적 부작용에 대한 우려도 적지 않다. 많은 1인미디어가 경제적 이익만을 추구하다 보니 자극적 콘텐츠가 여과 없이 생겨나고 있다. 시청자의 이목을 쉽게 집중시키기 위해 선정적이거나 폭력적이며 비도덕적인 장면을 그대로 방송하는 경우도 있다. 이 같은 현상은 건전한 방송문화 정착을 위한 제도적 장치가 아직 부족하고 1인미디어 자체가 오래되지 않은 신생 분야이므로 벌어진다고 분석된다.

나 홀로 TV 방송 : DMNG 중계

3장 ————— DMNG와 백팩의 등장

DMNG와 백팩의 정의

오늘날 흔히 기자를 '백팩 저널리스트'(*backpack journalist*) 라고 부르기도 한다. 그 배경에는 바로 모바일 뉴스 시대의 도래가 있다. 뉴스 수요자는 휴대전화와 같은 모바일 기기 등 다양한 형태의 미디어 플랫폼을 통해 뉴스를 접한다. 이런 수요에 대응하기 위해 기자의 모습도 달라지고 있다. 직접 카메라를 들고 다니며 사진과 동영상을 찍고 기사를 작성하고 편집과 온라인 송고까지 한다.

이를 위해서는 휴대장비가 간편해야 한다. 즉, 디지털카메라와 녹음기, 컴퓨터 송신기기 등 멀티미디어 패키지가 배낭 하나에 들어갈 수 있어야 한다. '백팩 저널리즘'은 이런 기자가 이뤄내는 10여 년 전의 언론 동향을 말한다(권상희, 2009, 261쪽; Stevens, 2012).

하지만 이런 1인기자 시대를 상징하는 백팩이란 용어는 방송통신 컨버전스(*convergence*: 융합) 시대를 맞아 다른 영역을 지칭하기 시

그림 3-1 백팩 저널리스트의 휴대품

백팩 저널리스트의 취재가방 안. 컴퓨터와 취재수첩은 물론 동영상 캠코더, 무선마이크 등이 보인다.
출처: 윌리암 맥기(워싱턴주립대학교)

작했다. 바로 MNG(Mobile News Gathering) 방식의 출현을 말한다. 중계차가 대표하던 기존의 위성사용 영상 송수신 방식은 여타 분야와 마찬가지로 디지털 변혁을 겪었다. 최근에는 DMNG(Digital Mobile News Gathering)이란 진보된 방식도 탄생했다. LTE, 와이파이, 와이브로 등 무선이동 통신수단을 사용하여 디지털로 영상 송수신을 가능케 함으로써 중계방송을 뉴스 현장에서 바로 저렴하고 간편하게 할 수 있는 방식이다. 주로 재난재해와 긴급보도 등의 현장에서 간이장비만으로도 고화질로 생방송을 할 수 있다는 장점이 있다. 정리하자면, DMNG는 시간과 비용을 절감할 수 있고 자유

그림 3-2 무선 LTE 중계장비

백팩은 외형이 백팩처럼 생긴 데서 이름이 붙여졌다. 대표적 제품인 TVU(왼쪽)와 LiveU(오른쪽).

출처: TVU, LiveU

로운 이동과 전송이 가능하며 지역의 한계를 극복했다.

　DMNG 방식의 출현은 방송과 통신 분야가 디지털과 융합한 결과로서 기존 방송중계의 역사를 바꾸는 하나의 이정표다. DMNG를 가능케 한 장비가 이른바 백팩으로 불리는 이동식 전송장비다. 중계요원으로 나서는 현장기자가 등에 메고 이동할 수 있다는 간편성 때문에 붙여진 이름이다.

　국내에서는 2011년 말 종합편성채널의 출범과 함께 뉴스현장에 도입됐다. 지금껏 다양한 특종영상이 수많은 현장에서 사용되며 수용자에게 전해졌다. 이는 종편사의 시청률 제고에도 상당히 긍정적 영향을 미쳤다. 백팩의 현장 도입이 종편사의 재정상 이유라는 것은 차치하더라도 '변방의 방송사'가 백팩이라는 '단기필마'(單旗匹馬)로 시청률이란 영토를 확장하는 모습은 마치 기동성을 생명으로 삼았던 유목민족을 연상시킨다.

　백팩을 이용해 저비용 고효율을 표방하는 종편의 무선중계는 기존 방송사에게 생존 과제를 던졌다. 사실 공중파 방송은 그동안 방송사고 위험성으로 백팩 중계를 지양했다. 그러나 최근 백팩 사용에 가장 적극적인 TV조선을 비롯하여 여러 종편이 현장중계를 활성화하자 부득이 무선중계 장비를 다량으로 구입해 방송현장에 투입하고 있다. 일례로 공중파 KBS의 경우, 2013년 11월 황교안 당시 법무부 장관 기자회견을 이례적으로 백팩 방식으로 중계했다. 하지만 종편사가 같은 방식으로 선명한 화질과 오디오를 중계방송했던 반면, KBS는 화질이 깨지는 현상이 발생했다.

백팩 중계를 3~4년 정도 먼저 시작하여 축적된 종편사의 기술적 노하우가 갓 무선중계를 시작한 공중파의 기술보다 앞선다고 볼 수 있다. KBS가 성공적으로 '백팩 중계방식'을 안착한다면 다른 공중파도 따라갈 가능성이 크지만 공중파 편성의 경직성과 중계 인력의 부정적 견해로 아직은 가시적 성과를 얻지 못하는 실정이다.

백팩의 종류

백팩으로 명명할 수 있는 장비는 여러 가지가 있으나 현재 국내 방송사에서 널리 사용하고 있는 대표적인 기종은 'TVU Network'사와 'Live U'사의 제품이다. 이들은 이동통신망을 이용한 방식으로 최대 1080P까지 전송이 가능하며 LTE, 3G, 와이브로, 와이파이 등 다양한 무선망에 접속할 수 있는 장비로 구성된다. 이를 정리하면 〈표 3-1〉과 같다.

표 3-1 백팩의 종류 및 비교

구분	TVU Network	LIVE U
제조사	TVU Networks	Live U
제품명	TVUPack TM8100HD	LU-60HD
부팅 시간	5분 내외	약 20분
구동 방식	리눅스	윈도
구성	본체, 배터리, BNC	본체, 배터리, BNC, 연결라인
장점	빠른 부팅, 조작단순	고화질 전송, 터치스크린
단점	저화질과 불안정성	오랜 부팅시간과 복잡한 조작
제품사양	통신: 4G/LTE, 와이파이, Ethernet 가능, 최대 10개 무게: 5kg(배터리 제외) 배터리: Gold-Mount Type 이중화 최대 전송률: H.264 10Mbps	통신: 4G/LTE, 와이파이, Ethernet 가능, 최대 14개 무게: 5kg(배터리 제외) 배터리: 내장전용 배터리, 이중화 가능 최대 전송률: H.264 10Mbps
비고	SBS, YTN, 채널A, JTBC 사용 가격: 3천만 원	KBS, TV조선 사용 가격: 3천만 원

TVU의 특징

TVU의 가장 큰 특징은 리눅스 기반의 운영체제를 이용한다는 점이다. 그러므로 안정적이지만 오류가 났을 때 리눅스를 모르면 대처하기 힘들다.

단순한 작동원리와 백팩 본체, BNC 케이블, 배터리 등의 간편한 구성으로 사용하기에 편리하고 시스템 오류가 적다.

빠른 부팅 속도 덕분에 배터리를 교체한 뒤 약 5분 안에 생방송 중계가 가능하다. 전송속도가 5Mbps 이상일 때는 선명한 화질로 방송이 가능하지만 그 이하일 경우 화질이 깨지는 단점이 있다. 특히, 카메라 플래시가 많이 터지는 현장에서는 백팩이 받아들이는 데이터의 양이 갑자기 증가하므로 신호가 끊어져 방송사고가 날 수 있다. 물론 이는 중계현장에서 다른 방송사의 백팩 대수에 따라 차이가 난다.

LIVE U의 특징

Live U의 특징은 스마트폰으로 4G/LTE 통신망을 이용해 Full HD급 고화질 영상을 실시간으로 전송할 수 있다는 점이다. 별도의 방송장비, 중계차, 카메라가 없어도 현지에 파견된 기자나 리포터는 스마트폰에 설치한 애플리케이션(application) 만으로 지연시간 없이 생방송 중계를 할 수 있다. 파견된 리포터와 방송사 간 쌍방향 커뮤니케이션이 가능한 획기적 장치가 최근 개발됐다.

친근한 윈도 기반 운영체제이므로 다루기 쉽다. 터치스크린 방식이라 작동이 쉽고 인터페이스도 직관적이다. 하지만 윈도 기반이라 리눅스 기반의 TVU보다 오류 발생이 잦다. 신호만 잡히면 TVU보다 더 좋은 화질의 영상 전달이 가능하다. 하지만 부팅시간이 길기 때문에(약 20분) 현장의 돌발 상황에 대응하기가 쉽지 않다. 단순한 TVU보다는 복잡한 구성으로 라이브 상황 대응이 지연될 수 있다.

백팩의 운영

생방송 중계를 위한 백팩 장비의 운영에는 크게 송신과 수신, 두 부분이 큰 역할을 담당한다. 방송사에서 송신은 현장중계요원이 맡는다. 종편에서는 영상취재기자가 현장중계요원 역할까지 담당한다. 현장에 카메라를 설치하고 백팩을 연결하면, 백팩은 현장에서 감지되는 무선 LTE 공용망을 통해 방송사 부조정실 수신서버에 영상신호를 전송한다. 이 신호는 방송기술 부문에서 부조정실 요원의 수신업무를 통해 방송사에 들어오며 방송사는 이를 화면을 통해 그대로 생방송한다.

  백팩 중계는 송신에서 수신까지의 과정이 모두 이상 없을 때 비로소 원활하게 이뤄지므로 어느 부분 하나 경중을 따질 수 없이 모두 중요하다. 이 요원들은 매일 백팩 생중계를 담당하므로 이들이 평가하는 백팩의 조건은 방송의 안정화와 직결된다. 따라서 백팩 운영에 필수적이라고 할 수 있다.

그림 3-3 DMNG 송수신 구성도

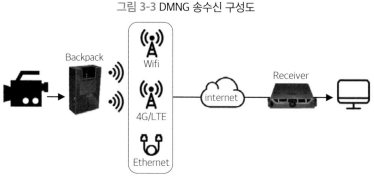

출처: Live U, LiveU_intro_161010(NJ: Live U, 2016), p. 8

송신을 담당하는 중계요원은 '송출 안정성', '이동 편이성', '조작 편이성' 등을 중요한 요건으로 꼽는다. 반면 수신을 담당하는 부조 정실 요원은 '수신 안정성'과 '운용 편이성'을 주요 조건으로 거론한 다. 이 중 송출 안정성과 수신 안정성이 방송사고를 막는 핵심항목 이다.

하지만 방송 생중계를 완벽히 수행할 수 있는 최적의 백팩 중계 장비는 아직 존재하지 않는다. 현존하는 여러 종류의 백팩 장비에 일장일단이 있을 뿐이다. 방송 안정화를 위해 지금까지의 실패사례 를 분석하고 대응방안을 마련해야 한다.

DMNG를 이용한 백팩 중계의 활용이라는 측면에서 가장 유리한 방송 부문은 다름 아닌 뉴스다. 뉴스는 TV에서 늘 생방송으로 진행하는 프로그램 중 하나다. 뉴스는 최신으로 업데이트된 새로운 사실(*fact*)을 가지고 방송하기 때문에 예능 등 다른 프로그램과 달리 녹화가 있을 수 없다. 따라서 TV뉴스는 사건이나 사고 발생 시 그 자리에서(*on the spot*: 현장성), 동시에(*simultaneously*: 동시성), 실시간으로(*on the time*: 즉시성) 정보를 전한다는 강점이 있다. 사건이 일어나는 현장을 그대로 시청자에게 보여줌으로써 전달력을 극대화하며 어떤 미디어보다 생생하고 빠르게 확인해 주는 것이다(김강석, 2014).

그러므로 TV뉴스에서는 현장성과 즉시성이 최고의 가치로 여겨진다. 최근 방송뉴스나 특보에서는 이를 극대화하기 위해 현장중계의 중요성을 높이고 있다. 2016년 11월과 12월에 벌어진 박근혜 전 대통령 탄핵 촛불집회 사례와 같이 방송사는 방송편성과 상관없이 뉴스속보나 특보에 전면적으로 뛰어들어 현장중계로 시청률 제고에 사활을 건다(엄성섭, 2003).

현장중계는 사건현장 또는 주요 이벤트에 관해 현재적 실재를 있는 그대로 신속하게 수용자에게 전달하는 데 가치를 둔다. 수용자는 보도대상인 현장상황을 직접 시각적으로 느낄 수 있으며 사건이 곁에서 일어나는 것처럼 가깝게 인식하고 흥미를 느낄 수 있다.

이를 가능하게 해주는 것은 바로 영상이다. 뉴스를 전달하는 화면에서 수용자의 주의를 끄는 시각인지 요소를 '영상인력'(映像引力, visual attraction)이라 명명한다면 TV뉴스와 이벤트 현장의 가치는 영상인력에 의해 좌우된다. 다른 매체와 비교할 때, TV는 자막이나 앵커의 말보다는 현장의 영상이 수용자의 관심을 끌어당기는 중요한 역할을 한다.

따라서 TV뉴스는 비교적 중대한 사건일지라도 이를 뒷받침할 영상인력이 부족하면 뉴스로 채택되지 않을 가능성이 커지며, 반대로 비중이 낮은 뉴스라도 영상인력이 많다면 뉴스로 채택될 가능성이 커진다(이기현·유은경·이명호, 2001, 159쪽). 이러한 영상인력을 활용해 시청률을 제고하려는 방안으로 최근 종합편성채널은 물론 뉴스전문채널과 공중파 방송국이 경쟁적으로 현장에 투입하는 장비가 바로 백팩이다.

백팩은 종합편성채널인 TV조선, JTBC, 채널A, MBN가 출범한 2012년 이후 본격적으로 뉴스현장에 출현했다. 역설적이긴 하지만 백팩의 출현과 발전은 종편의 경제적 문제에서 시작됐다. 기존 공중파 방송사보다 장비와 인적자원이 부족한 종편의 입장에서 방송 안

그림 4-1 태풍과 함께 이동하며 계속 중계

기자가 태풍의 경로를 따라 백팩을 가지고 이동하면서 순차적으로 현장을 중계하고 있다. 백팩의 등장으로 중계장비는 경량화되고 중계인원은 소수화되어 가능해진 중계방식이다.   출처: TV조선

정화보다는 경비 절감의 효과를 우선시한 결과라고 볼 수 있다.

종편사는 개국과 동시에 중계차 대신 백팩을 뉴스현장에 투입하기 시작했다. 백팩 중계방송은 그 불안정성으로 크고 작은 방송 중계사고 등 초창기의 시행착오를 거치면서 계속되었다.

한편, 이전까지 시행조차 불가능했던 중계방송이 백팩의 등장으로 가능해졌다. 2012년 여름, 태풍 '볼라벤'에 이은 3개의 태풍이 한반도를 덮쳐 수많은 수재민이 발생하는 막대한 피해가 발생했다. 종편사 중 하나인 TV조선은 제주도를 비롯한 전국의 피해 예상지역에 백팩 6대를 투입, 태풍의 이동 경로를 따라 백팩이 순차적으

그림 4-2 바다 위에서 LTE 생중계

2013년 1월 전남 고흥에서 벌어진 한국 최초 위성발사 장면. 백팩을 이용한 TV조선은 바다에 배를 띄우고 선상에서 나로호가 솟구치는 장면을 촬영한 후, LTE를 통해 부조정실로 영상을 전송했다.
출처: TV조선

로 이동하는 릴레이 중계방식으로 생생한 현장을 시청자에게 전달했다. 태풍 현장 중계방송을 한 뒤 태풍이 지나가면 다음 태풍 상륙 예상지역으로 먼저 이동해 미리 중계준비를 하는 방식이었다.

백팩은 중계방송의 경비 절감의 효과도 불러 왔다. 2013년 1월 30일 전남 고흥에서 벌어진 한국 최초 위성발사는 당시 각 방송사에게 치열한 경쟁의 대상이었다. 공중파 3사, 종편 3사, 보도전문 채널 2사 등 8개 채널은 오후 4시 일제히 발사장면을 중계했다.

하지만 TV조선 화면은 타 방송사의 화면과 달랐다. TV조선이 고가의 중계권료를 지불하는 주관사 KBS 위주의 공중파 POOL에서 자진 탈퇴하고 백팩 장비를 이용해 독자적으로 중계했기 때문이다. TV조선은 바다에 배를 띄우고 선상에서 나로호가 하늘로 솟구치는 장면을 카메라로 최대한 줌인(*zoom in*: 확대)해서 찍었고 LTE를 통해 부조정실로 영상을 보냈다. 공중파에서 수십억 원을 호가하는 중계차와 십여 명에 달하는 중계요원이 감당하는 업무를 단 2명의 인원이 백팩이라는 이동식 전송장비를 이용해 수행한 셈이다.

종편사는 대선이나 남북대화 같은 굵직한 뉴스의 현장에도 어김없이 백팩을 투입한다. 백팩을 운영함으로써 국회와 청와대, 정부청사 주요 정부기관에서 수시로 발생하는 각종 발표와 회견 등을 중계하고 있다.

전두환 전 대통령 자택 압수수색, 유병언의 장남 유대균이 칩거한 오피스텔 내부, 수갑 찬 통합진보당 이석기 의원이 "도둑놈들아!"라고 외치는 장면이 종편의 백팩 사용과 함께 특종 보도됐다. 이 '변방의 방송사'가 넓힌 '시청률 영토'는 4년 새 5배로 확장했다.

이는 한국 방송계에 적잖은 파장을 불러일으켰다. 최근 방송영상기자는 단순한 영상취재를 넘어 유무선 통신 모뎀을 이용한 생중계 임무까지 수행한다. 다수의 인력과 고가의 장비 대신 '등에 메고 다니는' 장비 '백팩'으로 발 빠르게 대처하는 영상취재와 중계의 변화는 이미 시작됐다는 게 방송계 안팎의 일반적인 견해다.

백팩 중계방송을 가장 많이 활용하는 TV조선의 경우 2014년 11월을 기준으로 하루 평균 3.4대의 백팩을 이용, 16.9회 중계를 했다. 이는 한 대당 평균 5회의 중계를 소화하는 꼴이다. 연간으로 확장하면 4,647회에 달하며 이는 월평균 387회, 일일 13회에 해당한다. 이 막대한 수치는 한국은 물론 세계 방송사상 최고신기록이다. 세월호 사건이 발생한 2014년 4월에는 월간 666회로 최고기록을 세우기도 했다. 이는 뉴스현장을 실시간 라이브로 중계방송함으로써 저비용

그림 4-3 'DMNG 연결' 코너 신설

TV 방송뉴스 화면 좌측하단 카메라 그림에 'MNG 연결'이라는
글씨가 보인다. MBN은 메인뉴스에 LTE 중계를 이용한 고정코
너를 신설해 현장성을 높였다.　　　　　　　　출처: MBN

으로 시청률을 제고하려는 종편사의 보도지침이 낳은 신기원(新紀
元)이라는 평가다.

　최근 또 다른 종편사인 MBN은 메인뉴스에 'DMNG 연결'이라는
고정코너를 신설해 현장성을 높인 뉴스를 제작하고 있다. 백팩을
이용해 현장에 나가 있는 기자를 연결하고 기자가 현장에서 뉴스를
전달하는 방식을 매일 선보이고 있다.

백팩은 뉴스뿐만 아니라 스포츠 중계에도 활용된다. 세계 최초로
LTE망을 활용했던 2012년 춘천마라톤 중계가 성공함으로써 방송
기술 분야의 새로운 장이 열렸다. 마라톤 생중계를 '방송의 꽃'이라
고 한다. 마라톤 생중계는 야외에서 광범위한 지역을 이동하며 중계
하는 높은 기술적 집약과 완성도를 요구하기 때문이다. 이를 LTE를
이용해 중계했다는 것은 대단한 전기를 마련한 셈이다.

마이크로웨이브 중계방식

LTE 중계가 성공하기 전, 기존 마라톤 중계는 현장에 헬기를 띄우
고 지상에서 움직이는 오토바이와 이동차량의 영상신호를 마이크
로웨이브(M/W, *microwave*: 극초단파)로 통신하는 방식을 사용했
다. 헬기에서 받은 현장 마이크로웨이브는 다시 근처 수신기지로

보내지고 여기에서 광라인을 통해 방송국으로 영상을 송신했다. 헬기가 일종의 간이위성의 역할을 수행하는 방식이었다.

마이크로웨이브란 1~30㎓ 주파수대를 이용한 통신을 말한다. 최대 전송 직선거리가 20㎞로 TV 신호 중계 등에 사용했다. 기존의 헬기를 활용한 중계방식은 헬기 운영과 마이크로웨이브 송수신장비 등 고가의 비용문제가 수반됐다. 또한 적지 않은 인원도 요구됐다.

그림 5-1 춘천마라톤 중계 구성도: 마이크로웨이브 방식

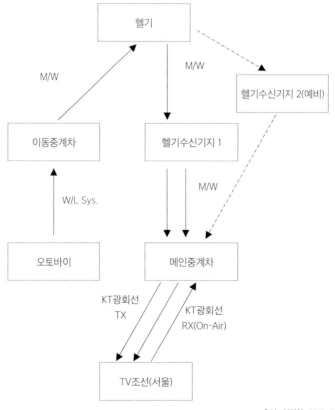

출처: 임현찬, 2013, 5~6쪽

LTE 중계방식

기술의 발달에 따라 마이크로웨이브 방식의 중계 이후 새롭게 시도
된 방식이 LTE 중계방식이다. LTE 중계란 헬기 등 고가의 방송장
비와 막대한 인력이 투입되는 기존의 마이크로웨이브 방식을 탈피
하여 지상에서 무선통신망을 활용해 제작비용을 획기적으로 낮춘

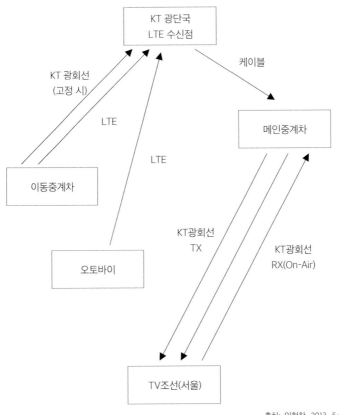

그림 5-2 춘천마라톤 중계 구성도: LTE 방식

출처: 임현찬, 2013, 5~6쪽

방식이다. LTE망을 활용하여 마라톤 영상을 실시간으로 촬영해 중계차로 전송하고, 유선 광케이블을 이용하여 출발선과 반환점 등의 고정지점을 촬영, 전송하는 방식으로 기존 생중계에 활용된 마이크로웨이브 방식을 대체했다. 중계 도중 끊어질 위험이 상존한다는 단점이 있지만 철저한 준비와 리허설 반복을 통해 불안요인을 극복할 수 있다.

성공원인 분석

성공원인을 분석해보면 먼저 데이터 전송률의 보수적 설정을 들 수 있다. 신호전송이 최대 초당 5Mbps까지 가능하나 HD(High Definition)급 생중계를 위한 최소한의 데이터 처리량이 초당 약 2Mbps 이상이므로 이 기준에 맞게 전송률을 2~3Mbps로 낮추어 송신함으로써 끊김 없는 화면을 전송할 수 있었다. LTE 통신망은 전용망을 사용할 수 있는 기존 유선 광통신과는 달리 다수의 사용자가 LTE 공용망을 쓸 경우 속도 저하 및 끊김 현상 등이 발생할 수 있다는 맹점이 있다. 따라서 고화질보다는 방송 자체의 안정성을 선택한 결과라고 볼 수 있다. 결국 이 전략적 선택은 주효했고 최초의 마라톤 중계를 가능하게 한 원동력으로 작용했다.

　LTE 생중계를 위해 사전에 마라톤 전 구간에 대해 통신환경 조사를 실시한 점이 두 번째 성공요인으로 꼽힌다. 중계팀은 경기가 열리기 전 안개 등의 날씨와 당일 예상 LTE 사용량 등 여러 상황을

그림 5-3 세계 최초 LTE 라이브 마라톤 중계 성공

'방송의 꽃'이라 불리는 마라톤 중계를 카메라 중계팀이 세계 최초
로 LTE를 이용해 송신하고 있다.　　　　　출처: 〈조선일보〉

가정한 안정성 테스트를 시행했다. 안정성 테스트로서 실제 백팩 장비로 테스트를 시행해 여러 구간의 통신 상황을 데이터화했고 일부 신호 불량구간에는 통신사의 협조로 신호 보강작업을 시행했다.

마지막으로는 방송 중계팀의 팀워크를 들 수 있다. 중계 준비과정에서부터 참가한 각 분야 중계 관계자의 팀워크를 성공 요인에서 간과할 수 없다. 방송은 협업을 통해서만이 성공할 수 있기 때문에 사전준비에서 최종중계까지 중계팀의 팀워크는 중요하지 않을 수 없다.

이 중계팀은 2013년에 열린 춘천마라톤 생중계도 기존의 중계 노하우를 바탕으로 팀워크를 다시 발휘해 무선 중계방송에 계속 성공하는 선례를 남겼다.

스포츠 백팩 중계의 의의와 미래

마라톤 LTE 중계 성공은 개국 1년도 채 안 된 신생 방송사가 고난도의 마라톤 중계를 방송 전송망이 아닌 공용 무선통신망을 사용해 중계하여 마라톤 중계의 새 장을 열었다는 점에서 의미가 있다. 사실상 세계 최초의 LTE 사용 중계였다는 점에서 더욱 그렇다(정경열, 2012. 11. 2). 하지만 전 구간 중계에는 성공했지만 마라톤 대회 전 시간 LTE 중계를 감당하기에는 무리가 따랐다.

이에 대한 대안으로 마라톤 소개 및 지역정보에 관한 방송물을 VCR(Video-Cassette Recording: 비디오카세트 녹화)로 미리 만들어

LTE 중계 사이사이에 삽입하는 형식을 취했다. 이는 장시간 중계에서 오는 시청자의 방송 피로감을 경감하는 효과를 얻었으나, 전시간 방송이라는 스포츠 중계방송 본연의 목적은 온전히 달성하지 못한 결과다.

따라서 향후에는 장시간 방송에 필요한, 한층 업그레이드된 LTE 송수신 장비를 적극적으로 활용할 필요가 있다. 또한 이동 중인 차량, 오토바이, 헬리캠(helicam) 등에 장착하여 더욱더 차별화된 영상을 시청자에게 제공하고 전 구간 고화질의 영상을 끊김 없이 송출해야 할 것이다.

최근에는 휴대폰의 업로드 속도를 3배 정도 빠르게 할 수 있는 LTE-A 프로라는 기술이 개발되어 마라톤 중계가 한층 발전했다. LTE-A 프로기술은 5G의 바로 전(前) 단계다. 춘천마라톤 이후 서울국제마라톤 겸 제 88회 동아마라톤대회, 서울중앙마라톤 등이 이 방식을 통해 발전한 방식의 중계를 선보였다. 2018년 평창 동계올림픽에는 세계 최초로 '5G' 방식이 등장해 전 세계에 올림픽의 감동을 전달할 예정이다.

SNS 스포츠 중계의 등장

이런 추세의 연장선상으로 미국 실리콘밸리 기업도 스포츠 중계권 사업에 뛰어들고 있다. 페이스북, 트위터 등 소셜미디어 기업이 기존 공중파 TV 등의 고유한 영역이었던 '프로 스포츠 리그'를 중계하

그림 5-4 소셜미디어의 스포츠 중계

소셜미디어의 스포츠 중계는 최근 크게 성장세를 띠고 있다. 미국은 물론 한국 소셜미디어도 스포츠 중계 시장에 뛰어들고 있다.

출처: 〈중앙일보〉

기 시작한 것이다. 이는 소셜미디어 기업이 영상과 콘텐츠 유통 이 외로 영역을 확장했으며 중계방송의 대중적 소비가 TV에서 개인 스마트폰으로 이동하기 시작했음을 의미한다.

예를 들어, 최근 페이스북은 세계 최대의 e스포츠대회 운영업체 인 'ESL'과 손잡고 '카운터스트라이크' 등 PC 게임을 페이스북에서 생중계한다고 밝혔다. 페이스북은 미국 메이저리그 야구(MLB), 미국 프로축구(MLS) 등과도 계약을 맺고 정규 시즌경기와 하이라 이트 프로그램을 매주 금요일마다 생중계한다. 페이스북 사용자가 TV 대신 스마트폰이나 PC로 스포츠 경기를 자유롭게 보도록 한 것 이다.

트위터는 2016년 1천만 달러(약 112억 원)에 미국 프로풋볼리그 (NFL) 10경기 중계권을 확보해 중계했다. 북미 아이스하키리그 (NHL), 미국 프로골프협회(PGA) 투어 등도 생중계한다. 아마존은 2017년 프로풋볼리그 10경기 중계권을 무려 5천만 달러에 구입해 중계하기로 했다. 아마존은 2014년 인수한 개인방송 서비스인 '트위치'를 통해 프로풋볼리그를 계속 중계할 계획이다. 또 아마존은 향후 자사의 유료 서비스인 '아마존 프라임'을 통해 스포츠 중계 패키지를 제공할 것으로 알려졌다.

　이처럼 IT(정보기술) 기업이 생중계 시장에 뛰어드는 것은 광고 매출을 극대화하기 위해서다. 스포츠 경기는 중계시간이 긴 데다 중간에 적정한 광고시간을 두므로 광고수익을 올리기 편한 영상 콘텐츠다. 최근 젊은 층을 중심으로 TV 없이 스마트폰으로 경기를 시청하는 소비자도 늘고 있다. 예컨대 메이저리그를 TV로 시청하는 사람의 50% 이상이 55세 이상의 고령층이라는 집계가 나올 정도다. 프로 스포츠 업계에서도 젊은 층을 잡기 위해 소셜미디어 업체와의 제휴에 적극적이다(강동철, 2017. 6. 17).

　페이스북 최고경영자(CEO)인 마크 저커버그(Mark Zuckerberg)는 "앞으로 시장은 '비디오 퍼스트'(video first)로 움직인다"라고 말했다. 메이저리그 커미셔너(commissioner) 롭 맨프레드(Rob Manfred)는 "페이스북과의 제휴는 우리 입장에서도 아주 중요한 시험"이라고 말했다. 양측의 이해관계가 딱 맞아 떨어지고 있는 것이다.

시청률

시청률은 TV 프로그램의 평가척도다. 싫든 좋든 시청률로 프로그램의 모든 것이 평가받는다고 해도 과언이 아니다. 다매체 다채널의 무한경쟁 시대 방송환경에서 시청률은 특히 경영 수익성으로 이어진다. 그러므로 예능, 드라마, 교양, 뉴스 등 모든 방송 프로그램이 시청률에서 자유롭지 못하다. 심지어 프로그램 담당자는 방송시간을 분 단위로 나눈 '분당 시청률'까지 분석 보고하라고 공공연히 요구받는다. 시청률은 광고와 프로그램 재판매에도 결정적 영향력을 미치기 때문이다.

　대형 사건사고나 시청자의 큰 관심을 끌 만한 이슈가 발생할 때마다 공중파와 뉴스전문채널에서 수시로 접하는 뉴스특보와 같은 프로그램도 이와 무관하지 않다. 실제로 탄핵이나 이후 치러진 대선 등 굵직굵직한 뉴스가 발생했을 때 어김없이 뉴스특보 방송이 이뤄졌다. 그러다 보니 방송사마다 뉴스를 어떤 방식으로 제작할지에 관한 고민이 깊어지고 있다.

이 같은 방송사의 고민은 시청자의 관심, 즉 시청률을 어떻게 올릴 것인지에 집중된다. 따라서 뉴스 제작진은 그날그날의 시청률 결과에 민감할 수밖에 없고 이를 의식하든 않든 간에 뉴스 취재와 제작, 편집 등 뉴스 생산과정에서 뉴스 수용자이자 소비자인 대중의 기호와 관심을 일정 부분 반영하는 것이다. 그렇다면 수용자의 시청 여부에 직접 영향을 미치는 요인은 무엇일까?

동시성과 현장성

여기에 대한 대답으로 '영상의 동시성과 현장성'을 제시할 수 있다. 아울러 이를 가능하게 하는 것이 현장중계이다.

다른 매체와 비교하여 텔레비전 뉴스는 비언어적, 시청각적 수단을 활용하여 정보를 전달한다는 점이 가장 두드러지는 특징이다. 텔레비전은 영상을 통해 생생한 소리와 현장을 담은 자료화면을 보여주며 비언어적 요소인 동작, 표정, 색채 등과 같은 시각적 요소를 제공한다. 미국의 한 조사에 의하면, 전 미국 텔레비전 보도 담당자의 75%가 영상자료를 정보의 가장 중요한 구성요소로 인식한다고 한다(Schuneman, 1996: 이기현, 2001, 재인용).

이처럼 영상의 중요성이 두드러진 TV는 동시성이라는 특징이 있으므로 신문보다 뉴스를 빨리 전달할 수 있는 것은 물론 거의 동시

그림 6-1 시청률과 현장성

뉴스의 현장성은 시청률과 직결된다. 최근, 방송뉴스에서 기자를 현장에 급파하고 무선중계로 생방송하는 사례가 급증했다.

출처: KBS TV

에 사건이나 행사를 생생하게 보도할 수 있다는 장점이 있다(차배근, 1993).

시청률 경쟁을 위한 또 하나의 요인은 현장성이다. 방송뉴스는 중요한 사건사고 현장에 기자를 내보내고 앵커가 "현장에 나가 있는 ○○○ 기자를 연결합니다"라는 멘트와 함께 현장을 연결해 생방송으로 실시간 상황을 전달한다. 이외에도 앵커가 스튜디오를 벗어나 직접 현장에 설치된 임시 세트에서 뉴스를 진행하는 경우도 부쩍 늘어나는 추세이다.

런트(Lunt, 2004)는 최근 리얼리티 TV의 약진과 더불어 두드러진, 동시성과 현장성을 더욱 강조하는 영상 콘텐츠 제작 경향을 지적하면서 실시간성이 강조된 모든 방송 콘텐츠를 '사실적 방송'(*factual broadcasting*)이라 통칭하였다. 뉴스도 이러한 제작 경향으로부터 예외는 아니다. 많은 방송기자가 현장 중계뉴스가 뉴스의 감정적 호소력을 증가하고 시청률을 높이는 방편이라 생각하는 것으로 조사되었다(Farhi, 2002). 또한 시청자도 주요 이슈에 관한 정보를 현장 중계뉴스를 통해 가장 신속하게 받아 볼 수 있다고 인식하는 것으로 나타났다(Tuggle & Rosengard, 2002).

현장 중계뉴스나 속보로 다루어지는 기사 아이템은 일반 뉴스보다 시청자의 격한 감정적 반응을 일으키는 '감정적 강도'(emotional intensity)가 대부분 높다. 이는 일반적으로 기사의 소재 자체가 속보로 다루어질 정도로 높은 주목도와 중요성을 지니기 때문이기도 하지만 같은 소재라 하더라도 현장의 생생한 현장을 실시간으로 전달받는다는 긴장감과 흥분감, 또 사태가 어떻게 전개될지 알 수 없는 불확실성에 관한 호기심 등이 시청자의 심리적 반응을 증폭하여 나타나는 현상이기도 하다(임소혜 · 김연수, 2011).

현장중계와 시청률 관계

이런 관점에서 현장중계는 뉴스 시청률을 올릴 수 있는 중요한 동인으로 작용할 수 있다. 그렇다면 과연 실시간 현장중계는 시청률에 얼마나 큰 영향을 미칠까? 이를 알아보기 위해 2016년 11월 12일 탄핵정국에 벌어졌던 토요 촛불집회를 중심으로 종편사의 시청률을 비교분석해 보자.

당일 뉴스의 초점은 '촛불집회 행진의 청와대 진출'이었다. 법원

그림 6-2 현장화면의 단독성

현장화면의 단독 제공은 시청률 제고에 결정적 역할은 한다. 한 종편사는 청와대 인근까지 진출한 탄핵 촛불집회 참가자와 경찰의 대치상황을 단독으로 방송해 이를 증명했다.　출처: TV조선

이 1백만이 운집한 광화문 촛불집회 행진을 청와대 인근까지 허용하자 경복궁 사거리가 가장 중요한 지점으로 부상했다. 당일 방송사는 광화문 일대에 공중파, 종편, 뉴스전문채널을 모두 망라해 수백 대의 백팩을 운용했다. 하지만 예상치 못한 상황까지 예상하고 경복궁 사거리 현장을 백팩으로 방송한 방송사는 TV조선이었다.

저녁 8시가 넘어 집회참가자가 청와대 인근까지 접근하고 밤 11시쯤 세월호 유가족 상여차가 나타나는 모습은 유일하게 TV조선을 통해 현장중계로 나갔다. 중계 장소인 건물 옥상을 선점하지 않아 현장화면이 없는 여타 방송사는 건물 아래에서 발을 동동 굴려야 했다. 그 시간 TV조선 화면에는 경복궁역 앞 상황이 실시간으로 고스란히 시청자 안방으로 전달되었다.

이런 단독중계 덕분에 TV조선은 20시 30분 이후 유료가구 기준

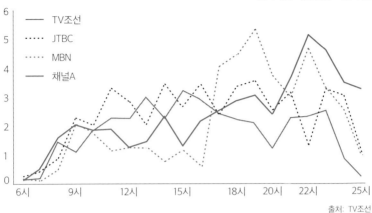

그림 6-3 2016년 11월 12일 종편 4사 시청률 그래프

(분석기준: 유료방송 가입가구)

출처: TV조선

시청률이 3%를 넘어서면서 종편 중 1위로 오르기 시작했고 이후 23시 방송된 〈뉴스특보〉는 전국 4.579%, 수도권 4.698%를 기록했다. 이는 타사를 2배 이상 격차로 따돌린 동시간대 최고기록이었으며 이 시청률은 밤 12시가 넘은 종영시간까지 이어졌다. 이번 중계는 생생한 현장화면이 시청률에 미치는 영향을 가장 극적으로 보여준 사례로 기록됐다.

또 다른 예로 2015년 8월 20일 TV조선이 단독으로 현장중계한 북한의 연천 포격도발사건이 있다. 이 현장중계는 고스란히 시청률 상승으로 이어져 TV조선이 종편 최초로 뉴스·시사 일일 평균 시청률 3%를 돌파하는 데 일익을 담당했다. 닐슨코리아에 의하면 22일 토요일 보도 부문(뉴스·시사) 프로그램의 일일 평균 시청률은 수도권 3.001%, 전국 3.235%를 기록했다. 종편 4사 개국 이후 뉴스·시사 일일 평균 시청률이 3%를 웃돈 것은 TV조선이 처음이다.

시청률 5%에 육박한 〈정치 옥타곤〉과 4%를 넘긴 〈뉴스특보〉
등은 시청자의 이목을 집중시켰고 메인뉴스 〈뉴스쇼 판〉도 3.4%
(수도권 기준)로 종편 메인뉴스 중 가장 높은 시청률을 기록했다.
이처럼 백팩을 이용한 신속한 현장중계는 TV조선이 보도에서 고공
시청률을 견인하고 있는 주요 요인으로 꼽힌다.

뉴스 수용자는 채널을 결정할 때 뉴스 자체의 내적 요소를 중요
시한다. 따라서 대형 사건사고와 이슈 등이 발생할 때 그 사안에 관
한 실시간 현장중계가 뉴스 시청률의 차별화 전략으로서 유의미한
요인으로 작용함을 알 수 있다. 그러므로 대형 사건사고가 발생했
을 때 곧바로 뉴스특보를 편성해 현장중계의 동시성과 현장성의 특
성을 살리고 가능한 한 실시간 뉴스특보를 이어간다면 시청률을 견
인할 수 있다.

뉴스가 시청률 상승의 기폭제 역할을 하려면 그날의 주요 이슈
에 관해 백팩을 이용한 현장중계를 적극적으로 활용하고 24시간
실시간으로 일어나는 뉴스속보를 전하기 위한 편성의 유연함을 갖
춰야 한다.

공중파 TV가 편성 이유로 지속해서 뉴스를 전달하기 어렵기 때
문에 대안매체로서 종편이나 뉴스전문채널을 선택할 가능성이 매
우 크게 나타났다. 이러한 매체는 대형사고가 발생했을 때 기존편
성에 구애받지 않고 사건보도에 집중할 수 있는, 편성의 유연성 확
보라는 장점이 있다. 하지만 최근 공중파 뉴스도 대형 뉴스가 발생
하면 기존 편성을 수정하고 백팩을 이용해 신속한 현장중계에 나서
는 모습을 보이기 시작했다.

백팩 중계방송은 스튜디오가 아닌 외부에서 생방송으로 방송하므로 돌발 상황이 발생할 가능성이 크다. 따라서 현장기자, 엔지니어, PD, 뉴스진행자의 철저한 사전 준비가 필요하다. 방송사와 중계석은 비상 전화 같은 연락 시스템을 설치하고 점검해야 한다(Hausman, 2007).

중계방송을 하려면 편성 상황을 확인하고 변동 사항이 생기면 즉시 반영한다. 그리고 현장과 방송사 주조정실 사이의 원활한 연락을 위해 '큐워드'(Q word)를 사전에 정한다. 큐워드란 캐스터가 주조정실 또는 부조정실에서 기계를 조작하는 엔지니어에게 상황의 변화에 따른 기계적 조작을 요구하기 위해 사전에 약속한 명령어를 말한다. 예를 들어 야구 중계에서 캐스터가 "여기는 잠실야구장입니다"라는 말로 큐워드를 전하면, 주조정실에서 듣고 바로 광고를 내보내는 조치를 취한다.

대형 사건사고가 발생했을 때 혹은 현장 중계방송이 사전에 예정될 때 정규 뉴스나 속보 체제에서 TV 뉴스 편집팀은 우선 중계 시스

그림 7-1 방송국 부조정실

어두운 부조정실에 수많은 영상 모니터가 빽빽하다. DMNG 중계 시 연결상태 확인은 뉴스 PD와 AD가 필수적으로 점검해야 할 중요사항이다.
출처: 정경열

템을 확인하고 점검한다. 1인중계 장비투입 등은 1차로 취재부서에서 기자 배정과 함께 진행하며 경미한 사안을 제외하면 편집부나 보도제작부 소속의 중계 PD도 함께 투입된다. 이는 사전에 편집부에 통보하거나 협의하여 이뤄진다.

이후 방송 중계에 들어가면 뉴스센터 부조정실의 뉴스 PD와 AD가 연결 상태를 확인하고 생중계 시 원고와 자막 등도 점검해 진행에 차질이 없도록 준비한다. 뉴스 PD는 부조정실의 기술감독(TD)에게 콜사인을 줘 현장 비디오, 오디오 상태도 사전에 리허설하고 확인하는 것이 원칙이다. 하지만 급박한 상황에서 사전 점검도 못한 채 생방송으로 연결하는 때도 많다.

가장 큰 문제는 기술적 문제가 아니라 협업 시스템에 있다. 자신의 분야에서는 모두 전문지식이 있지만 이를 꿰어야 보배가 된다. 그러므로 타 부서의 업무형태를 알고 있어야 한다. 상호 커뮤니케이션이 필요한 이유다.

현장에 나가 있는 취재기자, 영상기자와 방송사 내부 부조정실 스태프의 호흡만 맞는다면 어이없는 방송사고는 일어나지 않는다. 백팩의 개념을 모르는 영상기자, 현장에서 마치 자신이 앵커인 줄 아는 취재기자, 말로만 하면 모든 다 되는 줄 아는 부조정실 스태프와 같은 자기중심적 사고는 절대 있어서는 안 된다. 백팩 중계도 생방송임을 명심해야 하고 그 시간만큼은 처음 방송할 때의 자세로 임해야 한다.

백팩 중계를 하는 현장의 상황이 각자의 임무에 따라 특종이 될 수도 낙종이 될 수도 있다. 하나의 작은 실수와 기본을 지키지 않는 거만함이 거대한 방송사고를 초래한다는 것을 명심해야 한다.

백팩 중계 시 각 팀이 확인해야 할 사항을 정리하면 다음과 같다.

- 방송기술팀: 영상 수신상태 및 지연시간 체크, 부조 운영
- 영상취재팀: 현장 통신상태 확인 및 영상 송출, MNG 휴대장비 운용
- 기술기획팀: MNG 시스템 구축 및 운영 기술지원, 유지보수

중계요원

현장에 나가 백팩을 연결하는 당사자이기 때문에 현장의 상황과 분위기 등을 부조정실의 스태프가 알 수 있게 자세하게 전달해 주어야 한다. 특히, 시위·집회와 같은 분위기 전달이 필수인 장소에서는 더욱 그렇다. 아울러 백팩이 끊길 수도 있는 상황에서는 왜 그럴 수밖에 없는지 사전에 알려줘야 한다.

현장에서 가장 먼저 해야 할 일은 상황을 파악하고 중계할 때 밑그림으로 사용할 수 있도록 스케치를 신속하게 전송하는 일이다. 다시 말해, 편집용으로 인제스트(ingest)를 먼저 해주어야 한다. 인제스트는 취재, 리포트, 스튜디오 촬영 등을 통해 만들어진 영상 콘텐츠를 접수해 인제스트 시스템에 테이프, 메모리 등의 원본 소스를 삽입하고 메타데이터(metadata)[1]를 입력하는 과정을 말한다. 인제스트 담당은 중계된 영상이 담은 세부내용과 정보의 보관 및 사용관리를 위해 방송 시스템에 콘텐츠를 디지털화해 등록한다.

백팩 테스트를 할 때 배터리 충전 여부와 전원 연결 상태 등 전원 상황을 파악하고 부조정실과 'TRS'(Trunked Radio System)[2]로 연락을 취해 최소 중계 30분 전에는 신호 및 오디오를 테스트해야 한다. 그리고 취재기자를 적절한 장소에 세우고 스탠바이 이후 라이브 방

---

1 영상 데이터를 설명하는 글이나 정보.
2 주파수 공용 통신 시스템. 다수의 이용자가 복수의 무선채널을 일정한 제어 하에 공동 이용하는 이동통신 시스템을 의미한다. 특히, 백팩 중계를 담당하는 요원 간의 통신에 유용하다.

송에 대기해야 한다. 중계요원은 취재기자의 '스탠바이', '앵커멘트 들어감', '마지막 리포트' 등 스튜디오 상황 전달에 귀 기울이고 집중해야 한다.

백팩의 동작 순서는 첫째, 카메라에서 BNC케이블 연결하기, 둘째, 백팩 전원 켜기, 셋째, 방송하기(*on air*) 이다.

생방송용으로 사용하던 백팩은 방송 이후 송출용으로 활용할 수 있다. 취재와 뉴스시간이 촉박할 때 빠르게 송출용도로 사용되는 백팩은 이제 필수적인 송출 시스템이다.

취재기자

현장에서 혹은 도착 이전에 기사를 작성하고 중계 촬영기자에게 전달한다. 그래야 밑그림 스케치와 중계 자리를 상황에 맞게 잡을 수 있다. 최소 방송 30분 전에는 자리를 잡고 서 있어야 부조정실에서 확인할 수 있으며 혹시 모를 오디오, 영상신호 불량 등의 사고에 대응할 수 있다. 가까운 거리에 있다고 간혹 현장을 지키지 않는 취재기자가 있는데 절대 있어서는 안 될 행동이다.

절대로 핸드폰이나 유사장치에 기사를 작성해서는 안 된다. 기계이기 때문에 배터리가 갑자기 방전되거나 오조작으로 기사가 삭제되는 등 돌발 상황이 일어날 수 있다. 이 경우 밑그림이 있고 백팩의 신호가 좋아도 생방송을 할 수 없게 된다. 기사는 반드시 종이에 작성해야 한다. 비가 올 경우 투명한 클리어 홀더에 기사를 끼우는 것도 한 방법이다.

취재기자는 반드시 TRS 인이어(*in ear*)를 착용해야 한다. 현장에 있는 영상기자나 영상 AD의 큐를 받으면 자신이 듣고 판단하는 것보다 느릴뿐더러 스튜디오의 상황을 알고 있어야 긴장감을 느끼고 자신의 중계에 대응할 수 있다.

멘트 연습은 미리 하고 인이어를 착용한 후에는 가급적 소리 내어 연습하지 않아야 한다. 앞에 있는 영상기자가 헷갈릴 수 있고 자칫 자신에게 전달하는 부조정실의 말을 놓칠 수 있다. 최악의 경우 '큐사인'을 못 듣는 사고도 발생할 수 있다.

또한 TRS로 들리는 모든 지시의 말을 복명복창한다. 현장에 함께 있는 모든 스태프가 상황을 알지 못하면 긴장감이 없어져 실수할 수 있다. '리포트 몇 개 남았습니다', '앵커 멘트 들어갔습니다', '마지막 리포트입니다', '스탠바이' 등 자신에게 들리는 모든 지시 언어를 복명복창하여 현장 스태프에게 상황을 알려 준다. 중요한 부분이자 중계의 기본에 해당한다.

현장의 통신상황과 방송의 중요성 등을 고려해 중계방식을 연장선과 유선 그리고 SNG를 이용할 것인지 결정한다. 날짜와 장소가 예측 가능하다면 임시로 전용선을 설치한다.

데이터는 신호를 압축하여 보낸다. 기자의 원샷(*one shot*)[3]을 중계할 땐 움직임이 없기 때문에 5Mbps을 사용해도 무방하다. 하지만 현장에 따라 많은 변수가 있다. 스탠드업(*stand-up*: 서서 진행)의

---

3 단독 출연. 프레임 안에 1명만 넣어 찍는 촬영. 2명일 때는 투샷.

경우는 움직임이 없기 때문에 데이터가 작다. 그러나 기자회견장 같은 경우, 신문사 사진기자가 터뜨리는 플래시에 의해 화면의 밝기 변화가 심하여 영상 데이터가 급격하게 변화한다. 이런 상황을 예측하여 부조정실에게 알리는 등 커뮤니케이션이 필요하다. 현장에 나가 있는 카메라기자는 상황을 판단하여 부조정실에게 예측하여 알려야 한다.

부조정실 스태프, PD, AD

현장에 나가 있는 영상기자나 취재기자에게 사전에 반드시 정확한 중계시간을 고지한다. 대부분 '몇 시쯤 들어가요'라고 이야기하는데 현장에 있는 취재진에게 혼란을 줄 뿐이다. 정확한 시간을 알아야 백팩을 준비할 수 있다. 예를 들어 "10시 30분에 프로그램 타이틀이 먼저 나가고 이후 리포트 2개 나간 후 기자를 연결합니다"라고 구체적으로 말해주는 것이 바람직하다. 백팩을 전기선에 연결하지 않고 사용하는 경우 30분 기준으로 배터리를 교체해야 하는데 교체하고 다시 방송에 대기하는 시간으로 최소 5분 정도가 필요하므로, 정확한 시간을 말해주는 것은 매우 중요하다.

　현장의 취재기자에게 큐사인을 줄 때는 반드시 취재기자 이름을 부르고 큐를 외친다. 단순하게 '큐'만 외치면 그 사인이 취재기자에게 주는 것인지 아니면 다른 사람에게 주는 것인지 혼란스러울 수 있다. 그러니 반드시 '○○○ 큐' 식으로 사인을 줘야 한다.

현장의 상황과 분위기 등을 자세히 물어봐서 현장에 있는 사람들과 같은 호흡을 가져야 한다. 그래야 상황을 라이브로 방송할 때 적절한 시기(timing)를 맞출 수 있다. 간혹 상황 전이나 상황이 끝날 때 방송과 연결하는 경우도 있다.

　　PIP(Picture In Picture)⁴를 이용하여 중계영상을 보여줘야 할 경우 반드시 영상기자와 통화하여 '영상이 나가고 있다' 혹은 '끝났다'의 여부를 알려줘야 한다. '상황 생기면 연결할게요'라고 이야기는 해주는데 '다 끝났어요'라는 말은 거의 전달받지 못한다.

　　생방송 중일 때는 자리 이동이나 앵글에 변화를 줄 수 없기 때문에 상황 변화에 대응할 수가 없어 시청자에게는 아무 의미 없는 화면이 방송될 수 있다. 생방송의 여부를 알아야 현장에서 더욱 의미 있는 영상을 전달할 수 있다.

4 본 영상 속에 부가적으로 작게 들어가는 영상.

백팩의 기술적 한계

방송과 통신기술의 융합이 낳은 무선통신중계는 외형적으로 확대되고 있다. 하지만 기술적으로는 아직 완벽하지 못하므로 방송 안정성 확보와 같은 여러 가지 문제가 남아 있다. 생방송 도중 전송이 갑자기 끊겨 방송사고로 이어지거나 전송영상의 화질이 현저히 떨어지는 문제가 그것이다.

2013년 11월 5일 공중파 KBS는 이례적으로 황교안 법무부 장관 기자회견을 DMNG 방식으로 중계했으나 화질이 깨지는 열화(劣化) 현상이 발생했다. 열화는 흔히 전기 절연체가 내외의 영향으로 화학적 및 물리적 성질이 나빠지는 현상을 말한다. 반면 같은 방식으로 중계한 TV조선은 선명한 화질과 오디오로 방송을 진행했다. 타사와의 무선통신 간섭이 KBS 중계 실패의 주원인으로 파악된다.

이처럼 백팩의 왕성한 현장투입이 매번 성공적 중계를 보증하지는 못한다. 방송사고를 미리 방지하여 안정성을 확보하기 위해서는 대부분의 성공사례보다 단 한 차례의 실패사례를 살펴봐야 한다.

다음 〈그림 8-1〉에서 볼 수 있는 TV조선의 2013년 5월 윤창중 씨 기자회견은 백팩 전송 시스템의 불안정성이 원인이 된 대표적 방송사고 사례다. 대통령 방미 수행 중 일어난 성추행 문제에 관해

그림 8-1 DMNG 수신 화질비교

정상적인 DMNG 중계 화면(위)과 이상이 발생한 DMNG 중계 화면(아래)　　　출처: TV조선

윤창중 씨가 해명 기자회견을 열었다. 이를 백팩으로 방송하던 중 화면이 끊어지는 현상이 반복되다 급기야 생방송사고로까지 이어졌다. 당일 타 방송사도 사고가 이어졌다. YTN, 채널A 등도 1회 이상 중계가 멈춘 상황이 발생했고 MBN은 영상전송이 멈춰 화면이 정지 상태로 방송되는 사고가 발생했다.

기술적 한계 분석

실패원인으로 다음과 같은 세 가지를 꼽는다. 첫째, 백팩 통신의 한계성이다. 당시에는 기자회견장이라는 협소한 장소에서 방송사마다 2~3개의 백팩을 사용했다. DMNG는 전용망이 아닌 일반망을 사용하여 공공재의 성격을 지니므로 항상 여러 가지 돌발변수가 상존한다. 이런 DMNG의 특성상 타사들과의 무선통신 간섭현상으로 통신이 끊어질 가능성이 방송국마다 있었다고 볼 수 있다. 마치 전화가 이유 없이 끊어지는 것과 같은 현상이다.

그리고 LTE 업체(KT, SKT, LG)마다 특정 장소의 중계기 설치 편중현상이 있었고, 당시 현장 근처에 설치된 중계기가 많은 업체의 LTE를 사용하는 방송국이 중계 안정성을 차지할 수 있었다. 당시 현장에는 KT 대역이 가장 강했다고 알려졌다.

둘째는 커뮤니케이션의 문제이다. 현장중계 기자가 백팩 무선중계가 끊어졌는지 알 수 없었다는 커뮤니케이션상의 구조문제도 작용했다. 이런 경우 즉각적인 연락과 조치가 이뤄져야 한다. 그러나 백팩 중계 중 송수신을 핸드폰으로 상호 점검하는 커뮤니케이션 시스템에는 한계가 있다.

셋째는 수신 측의 전송률(*bit rate*) 조절 문제다. 무선중계 신호의 수신을 담당하는 방송사 부조정실에서는 백팩 영상신호의 불안정성이 확인되는 경우 바로 전송률을 조절해야 하지만 당시에는 이뤄지지 않았다.

안정화 방안

이상의 문제점에 대한 안정화 방안 및 향후 과제로 다음과 같은 세 가지가 있다. 첫째, 백팩의 한계성 극복방안이다. 기본적으로 백팩의 한계성을 극복하기 위해 현장에 먼저 도착하여 각 LTE 통신망의 업로드 속도를 확인해야 한다. 윤창중 중계처럼 다른 방송사와 혼잡하게 공동중계를 할 경우에는 유선망을 확보해야 한다. 이마저 힘들면 긴 연결라인을 통하여 혼잡한 곳을 피해 백팩을 가장 안정적인 곳으로 옮겨 위치하는 방법도 있다. 이 경우, 카메라는 물론 현장에 두고 중계기기인 백팩만 선을 이용해 안전하게 무선망이 확보되는 근거리의 다른 곳으로 이동한다.

또한 현장마다 다른 중계기기의 불균형 문제에 대한 최적의 해법으로 KT, SKT 등 다양한 업체의 LTE를 최대한 많이 백팩 내부에 설치하는 방법이 있다. 한편, 백팩으로 데이터를 전송하는 과정에서 데이터 손실이 많이 생길 수 있다. 이런 경우 재부팅 기능으로 데이터 전송을 원활하게 할 수 있다.

둘째로는 커뮤니케이션 개선 방안이다. 무선 생중계방송의 경우 현장 상황, 통신 상태 등에 대한 현장 중계요원과 부조정실 수신요원의 정보 공유가 절대적으로 필요하다. 이를 위해 유선 통신으로 중계요원과 커뮤니케이션을 상시 유지하는 협조 및 공조 체계가 공고해야 한다.

무선 생중계의 경우 현장 실시간 상황과 방송시간 사이에 시간차가 발생하는데 유선 통신으로 영상 큐신호를 지연(*delay*) 시간만큼 미리 주어야 한다. HD 영상의 경우 보통 현장신호가 무선으로 부조정실에 도착하기까지 약 6초의 지연시간이 발생하기 때문이다. 현장 기자의 리포팅의 경우 약 6초 정도 미리 큐신호를 주면 실제 방송시간과 연결이 자연스럽다. 최근에는 장비 및 통신망 발전으로 지연 시간이 많이 줄어들었다. 추후에는 양방향 방송이 가능한 상태로 발전할 것이다.

셋째로는 전송률 조절방안이다. 중계방송에서는 전송률이 중요하다. 전송률은 영상과 사운드 등 방송신호가 통신회선을 통과하는 비율, 즉 단위시간당 전송되는 양을 말한다. 보통 'bps'(초당 비트수)로 나타낸다. 정보 전달이 최우선인 뉴스에서는 일정한 전송률을 유지하는 것이 더 중요하다.

일반적으로 실시간 중계는 신호 안정이 최우선이다. 현장 통신상황이 좋을 경우 HD 화질이 보장되는 최소 전송률인 5Mbps 이상으로 해도 무방하다. 하지만 현장 통신상황이 불안하거나 여타 무선 전송장비 등이 많을 경우 전송률을 2~4Mbps(SD급)[1]로 신축적 대

그림 8-2 전송률에 따른 화질비교

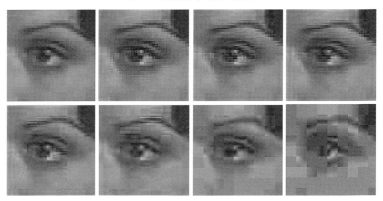

백팩중계의 중요한 성공요인은 전송률 조정이다. 상황에 맞춰 초당 비트 수를 2~10M 안팎으로 조절한다. 전송률 수치가 양호한 송신상황일 때는 깨끗한 화면 전송이 가능하지만(왼쪽 위) 차츰 전송률을 낮추면 화질은 떨어진다(오른쪽 아래). 하지만 안정성은 높아진다.   출처: 니키 페이지

응을 해야 한다.

이를 위해 부조정실에서는 백팩 끊김이 발생할 경우를 대비해 전송률을 조절해서 안정성을 찾아야 한다. 끊김이 발생하면 전송률을 5M → 4M → 3M → 2.5M → 2M로 순차적으로 낮추는 역할을 해줄 전담 인원이 필요다. 이 경우 화질은 떨어지지만 안정성은 확보된다.

---

1 이전 방송의 표준 화질을 의미. 하지만 최근 방송은 고화질인 HD를 넘어 UHD, 4K 시대가 열려 SD는 저화질에 속한다.

영국에서 있었던 일이다. 〈맨체스터 이브닝 뉴스〉(*Manchester Eve-ning News*)는 한국 축구스타 박지성이 뛰었던 맨체스터에서 발행하는 지역신문이다. 이 신문은 2010-11 FA 컵에서 우승한 프로축구 팀 '맨체스터 시티'의 시내 퍼레이드 행사에서 트로피에 위성 위치 추적(GPS: Global Positioning System) 기능이 있는 휴대전화를 설치해 이동경로를 따라 실시간으로 현장을 중계한 영상 서비스로 큰 호응을 얻었다. 백팩의 성과였다.

이 신문사의 편집국 기자들은 일간지·주간지·온라인 등의 매체나 취재·편집기자와 같은 내·외근 구분 없이 통합된 뉴스룸에서 함께 근무한다. '디지털 퍼스트'(*digital first*) 전략을 실행하기 위해서다. 이 신문은 트위터를 이용해 실시간 현장 중계방식의 '라이브 블로그'(Live Blog)도 운영한다. 18개월간 300회 이상의 현장 상황을 라이브 블로그로 실시간 중계해 27만 명 이상의 독자 반응을 이끌어냈다.

DMNG 기술을 이용한 영국과 같은 사례는 사실 국내에서 더욱 실감 나게 벌어지고 있다. 백팩으로 상징되는 DMNG 기술은 '디지털 유목민'(*digital nomad*)을 연상시키며 기동성과 현장성을 앞세운 중계방식으로 방송계의 패러다임을 바꾸고 있다.

그림 9-1 영국 신문사의 무선 영상중계

〈맨체스터 이브닝 뉴스〉는 '디지털 퍼스트' 전략으로 실시간 영상중계 서비스를 실시해 큰 호응을 얻었다. 신문사가 영상중계에 뛰어들었다는 점에서 높은 평가를 받았다.

출처: 〈맨체스터 이브닝 뉴스〉

공중파 방송국의 변화

공중파 방송국은 중계방식 변화에 보수적이었다. 그러나 종합편성 사가 동시다발적으로 일어나는 뉴스의 현장을 빠짐없이 생중계하다 보니 이에 대한 동조가 일어났다. "도대체 중계차가 몇 대입니까?", "이럴 땐 백팩 중계를 어떻게 합니까?" 등 현장에서 종편 중계 요원에게 정보와 노하우를 직접 문의하고 나선 것이다. 일부 공중파 방송국은 최근 백팩을 10대 넘게 구입하고 백팩 중계 교육을 내부적으로 실시해 중계차 대신 백팩 중계를 늘리는 등 이전에는 상상하지 못한 관행 파괴적인 모습을 보이고 있다.

공중파 방송국은 그동안 방송사고 위험성이란 이유로 백팩 중계를 지양했다. 그러나 최근 TV조선을 비롯한 종편 중심의 DMNG 중계 가 활성화하자 부득이 DMNG 중계 장비를 다량으로 구입하기 시작 했다. 이는 뉴스 현장을 연결해 주간 시간대 속보에 대응한다는 복안 이다. 만일 공중파의 맏형 격인 KBS가 성공적으로 '백팩 중계방식' 을 안착시킨다면 다른 공중파도 이 흐름에 합류할 가능성이 크다.

하지만 공중파 중계 인력의 노하우 부족과 부정적 견해로 아직까 지는 가시적 성과를 얻지 못하고 있다. 그리고 영상취재기자에게 주어지는 백팩 업무의 가중은 노동이라는 측면에선 기자에게 달갑 지 않은 일이다.

이런 조직 내부의 문제와는 별도로 공중파 방송의 DMNG 이용 중계는 증가할 전망이다. 지난 대선 방송을 보더라도 공중파는 통 신사와 협력해 LTE망으로 대선 생중계방송과 개표방송을 했다. 주

표 9-1 각 방송사 백팩 보유현황

(2015년 기준)

	TVU Pack		Live U		Aviwest	소계
	구형(8100)	신형(8200)	구형(LU60)	신형(LU500)		
TV조선	6		1			7
KBS			10			10
MBC	4				4	8
MBC(지방)			3		3	6
SBS	2		3			5
MBN					12	12
JTBC	6					6
채널A	7					7
뉴스Y	13					13
YTN	6	6				12
소계	44	6	17	0	19	86

요 후보의 동향, 투표 현황과 개표방송을 생동감 있게 전달하는 데 중점을 뒀다. 특히, 주요 핵심선거구만 방송했던 예전과 달리 전국 곳곳을 기동성 있게 움직이며 LTE 백팩을 적극적으로 활용해 방송하는 인상적인 모습을 보이기도 했다.

SBS는 버스를 이용해 특수 제작한 이동 스튜디오를 요소마다 배치하고 여기서 촬영한 영상을 LTE망을 통해 본사 스튜디오로 전송했다. SBS는 이미 런던올림픽 등에서 백팩 중계를 활용하면서 DMNG 기술적 검증을 자체적으로 마친 상태였다.

통신사는 LTE가 3G보다 데이터 통신 속도가 5배 이상 빨라 HD 화질을 방송하는 데도 문제가 없다는 점을 강조한다. 공중파 방송사 입장에서도 LTE망을 사용하면 화질 저하 우려 없이 위성을 사용할 때보다 송출 비용을 절감할 수 있고 방송 장비도 최소화할 수 있다.

그림 9-2 세계의 '나 홀로 방송'

세계 각국의 기자가 DMNG를 이용해 혼자서 현장 실시간 중계방송을 하고 있다. 카메라에 LTE 장비를 부착하는 방법(위) 혹은 스마트폰으로 직접 송신하는 방법(아래)도 사용한다.

출처: Cabsat, JamunaTV

DMNG와 LTE를 이용한 미디어의 변화

무선중계는 긴급보도 및 속보, 현장취재 등의 라이브 뉴스산업뿐만 아니라 열차, 여객선 등 교통과 운송업까지 그 영역을 넓히고 있다. 이미 이동 중인 열차나 여객선 내부에서 온라인 미디어 라이브 방송을 활용할 수 있다. 지자체나 관공서는 각종 행사와 시정활동에, 기업 등은 이벤트 홍보에도 이용할 수 있다. 무선중계를 이용한 인터넷방송, 모바일방송, 팟캐스트, 개인방송 등의 형태다.

또한 보안, 감시, 감독, 관제, 설비관리가 실시간으로 가능해졌다. 화재사고나 재해현장도 실시간으로 무선 중계되는 영상을 통해 종합상황실로 전달되어 더욱 효과적인 대책을 마련할 수 있는 것도 DMNG가 가져온 또 다른 모습이다. 각종 산업현장에서도 실시간 정밀 영상정보를 통한 시설관리, 원격진단, 유지보수 등이 가능하고 해외 산업현장도 국내 본사에서 원격 모니터링을 할 수 있다.

실제로 이런 기술을 보유한 통신사는 이 같은 수요를 가진 일반 기업을 대상으로 수익사업을 활발하게 펼치고 있다. DMNG 기술은 기업뿐만 아니라 선거와 같은 이벤트성 영역에도 적용된다. KT의 방송 관련 자회사인 '유스트림 코리아'는 지난 지방선거를 앞두고 각 지역의 후보자를 대상으로 '지방선거 생중계 플랫폼 패키지'라는 LTE 중계 서비스를 출시했다. 이 회사는 계약을 통해 각종 방송장비와 촬영인력을 공급하고 후보의 선거운동을 촬영해 SNS 등 인터넷 기반의 미디어를 통해 생중계한다. 예를 들어 후보자의 선거운동 상황을 실시간으로 다른 지역 유세차로 전송해 중계하는 방식이다.

그림 9-3 대통령 후보의 선거운동 LTE 중계

유스트림 코리아가 '지방선거 생중계 플랫폼 패키지'라는 LTE 중계 서비스를 통해 대통령 후보의
선거운동을 중계방송하고 있다.   출처: 유스트림 코리아

후보자 한 사람이 여러 지역을 방문하지 않고도 마치 여러 곳에서
동시에 선거운동을 하는 효과를 볼 수 있는 것이다. 선거뿐만 아니
라 각종 공연과 스포츠 행사에도 생중계 서비스를 제공하고 있다.

통신사는 방송과 영상 콘텐츠 제공업자뿐만 아니라 1인미디어와
일반 개인도 누구나 원한다면 LTE를 이용해 생중계할 수 있다며
DMNG 산업의 영역을 확장하려 한다.

무선 중계기능을 갖춘 프로그램도 개발 중이다. 별도의 방송장
비, 중계차, 카메라가 없어도 스마트폰에 설치한 애플리케이션만으
로 현지에 파견된 기자나 리포터가 지연시간 없이 생방송 중계가 가
능하다. 백팩과 같은 LTE 중계기의 역할을 스마트폰 애플리케이션
이 대신하는 것이다. 또한 이 애플리케이션은 현장에 파견된 리포터
와 방송사 스튜디오 간 쌍방향 오디오 커뮤니케이션이 가능하므로
현재 백팩의 문제점을 풀 수 있는 획기적인 대안이라 할 수 있다.

기술의 발전과 전망

DMNG 기술의 발전으로 구축된 LTE망은 이제 방송중계 수단으로서 상당한 지위를 누리고 있다. 기술의 발전은 이를 단순한 방송중계망에 국한하는 것이 아니라 더 나아가 방송을 시청자에게 송출하는 수단으로 도약을 준비하고 있다.

스페인 바르셀로나에서 열린 세계 최대 모바일 통신 전시회 '모바일 월드 콩그레스(Mobile World Congress) 2014'에선 LTE망으로 고화질 방송을 전송하는 통신기술이 대거 공개됐다. 미국 '버라이즌'(Verizon)사는 이곳에서 LTE 브로드캐스트 기술을 시연했다. 이는 일대일 기반인 통신기술을 일대다로 바꾸는 기술이다. 즉, 하나의 신호로 특정 지역 전체를 커버하는 TV나 라디오처럼 동일한 데이터를 여러 장치(device)에 동시 전송할 수 있다.

이런 LTE 브로드캐스트 기술이 상용화되면 기존 공중파와 케이블의 위치를 LTE가 대신할 것이다. 2020년쯤 LTE보다 더 빠른 5G 기가 네트워크가 확산되면 DMNG의 백팩 속도와 화질은 더욱 좋아질 것이다. 이렇게 되면 공중파나 케이블을 통해 방송을 수신했던 시청자는 LTE를 통해 방송을 즐길 수 있다. 최근에는 민간 사업자가 제공하는 LTE 중계기술을 이용한 방송 플랫폼 서비스까지 등장했다.

국내에서는 삼성전자와 KT 등이 LTE 멀티캐스트(multi-cast) 기술을 개발했다. 과거에는 한 기지국에 100명의 방송콘텐츠 이용자가 있을 때 동일한 데이터를 100번 전송해야 했지만, 이 기술을 이용하면 1번의 데이터 전송으로 100명의 가입자가 동시에 방송을 볼

수 있다. 아직은 다수(*multi*)의 가입자에게만 한정적으로 전송(*cast*)
할 수밖에 없어 대규모 콘서트나 스포츠 경기장 등에서 주로 이용된
다. 전문가들은 조만간 네트워크 부하 없이 대용량 콘텐츠를 불특정
다수의 시청자에게 전송할 수 있는 LTE 브로드캐스트 기술이 등장
할 것으로 예상한다.

그림 9-4 모바일 월드 콩그레스 2014

세계 최대 모바일 통신 전시회로, LTE로 고화질 방송을 전송하는 LTE 브로드캐스트 통신기술 등
최고기술을 이용한 첨단 통신장비가 선보이는 대회다.　　　　　　　　　　　　　출처: 버라이즌

이와 같은 DMNG 기술과 백팩과 같이 기존관념을 깨는 새로운 방송 서비스의 등장은 방송과 통신 및 인터넷 사업자를 구분하지 않고 무한경쟁 시대로 빠르게 이동하는 계기가 되었다. 이는 경쟁에서 승리하기 위해서는 또 다른 개념의 방송 서비스를 창안하거나 새로운 기술을 접목하여 시청자에게 접근해야만 하는 시대가 열렸음을 의미한다. 마라톤 중계에 LTE라는 기술을 도입한 것이 좋은 예다. 이는 방송기술을 새로운 통신환경에 융합하여 나타난 경제적이고 효율적인 결과물이다.

현재 양방향 방송 서비스를 제공하기 위해 기술발전이 이뤄지고 있으며 미디어 소비자의 수요를 만족시키기 위한 진화된 시스템을 개발하고 이를 도입하고 있다. 방송은 기존 일대일 통신 대신 일대다의 통신을 활용하며 디지털 방송과 실시간 생중계 등 시청자에게 더욱 생생한 현장을 제공하기 위한 무한경쟁 시대에 돌입했다. 통신과 방송의 융합에 대한 정보기술의 발전은 더욱 가속화될 전망이다. 결국 다양한 방식을 통해 진화된 형태로 결과가 나타날 것이다.

제 3 부

나 홀로 모바일 방송 : SNS 중계

SNS 중계란?

SNS(Social Network Service)는 '소셜 네트워크 서비스'를 말한다. 웹상에서 친구, 선후배, 동료 등 지인과의 인맥 관계를 강화하고 새로운 사람들과 교류를 통해 폭넓은 인적 네트워크를 형성할 수 있도록 해주는 서비스를 의미한다. 최근에는 SNS가 초기의 기능을 탈피해 영상 중계기능까지 갖추어 새로운 미디어로 급격히 성장하고 있다. 이에 따른 사회적 현상이 세계 곳곳에서 발생하며 여러 가지 가능성과 문제점을 동시에 안기고 있다.

2016년, 프랑스 10대 청소년이 전철에 몸을 던졌다. 성폭행을 당했다고 주장하고 가해자의 이름을 공개한 뒤 일어난 일이다. 이 과정은 모두 '페리스코프'라는 모바일 애플리케이션을 통해 중계됐다. 이 10대는 소란을 일으키려는 것이 아니라 사람들이 행동에 나서고 마음을 열도록 하려는 것이라고 영상을 찍는 목적을 설명했다. 약 1천

그림 10-1 세계 각국의 SNS 아이콘

세계 각국의 여러 가지 다양한 SNS. SNS는 최근 영상 중계기능까지 갖춤으로써 새로운 미디어로 급격히 성장하고 있다.

명이 이 장면을 생중계로 봤다고 추정된다. 이후에도 영상은 유튜브 등을 통해 공유됐다.

이와 같이 SNS 중계는 모바일 기기로 이용 가능한 SNS망을 통해 전 세계 어디로든 개인적으로 방송을 생중계하는 서비스를 말한다. 누구나 방송국이 되어 실시간으로 방송을 중계한다. 이른바 '1인방송' 시대다. 누구나 방송국이 되어 영상을 송출할 수 있는 이용자 참여형 생중계방송 서비스가 등장한 덕분이다. 모바일 시대는 누구나 동영상 콘텐츠를 만들어 인터넷을 통해 공유하는 수준을 넘어, 손에 들고 있는 스마트폰으로 언제 어디서나 누구나 생중계할 수 있는 환경을 만들었다.

이와 같은 영상 미디어의 확장은 텍스트 위주였던 종전의 커뮤니

그림 10-2 SNS 중계의 정서적 확장

SNS 중계는 개인의 감정이입과 동화라는 정서적 확장이 목적이 될 때도 있다. 콘서트를 카메라로 담고 이를 친구와 공유하려는 시도가 여기에 해당된다.

출처: dreamstime

케이션 방식을 초월하였으며, 시각 커뮤니케이션을 주도하면서 다양성을 보여준다. 나아가 텍스트가 전달하지 못했던 진지하고 처절한 상징적 이미지를 대중에게 전파하는 데 성공했다. 과거 인터넷과 블로그 등 디지털 혁명을 거치면서 짧아지는 경향을 보이던 텍스트는 역설적으로, 시각적 영상 미디어의 중계 기능 앞에서 다시 길어진 메시지로 재등장하고 있다.

SNS 중계를 통해 창작자는 전 세계 불특정 다수에게 '감정이입'(empathy)을 하며 시청자는 '감정동화'(sympathy)를 느낀다. 이와 같은 현장성 넘치는 영상 미디어의 전파를 통해 '정서적 확장'(emotional extension)이 이뤄지며 상호 커뮤니케이션으로 감정을 표현하고 나아가 공유와 소통의 욕망을 반영할 수 있다. 이러한 SNS 중계의 정서적 기능은 SNS 커뮤니케이션을 이해하기 위한 절대적 요건이다.

SNS의 특징

이처럼 SNS 중계는 일반인에게도 자신의 생각을 전달하고 사람들의 행동이나 사회를 바꿀 수 있는 새로운 수단이 되고 있다. 영상을 통해 소리나 문자보다 더 효과적으로 알리고자 하는 내용을 전할 수 있게 된 것이다. SNS 중계는 다음과 같은 특징이 있다.

확장성

중계의 대상이라는 측면에서 보면 기존 미디어의 대상은 국한되어 있었다. 하지만 SNS의 경우 중계 콘텐츠가 도달하는 범위는 기본적으로 전 세계 이용자를 대상으로 한다는 점에서 대상과 공간의 확장을 가져왔다. '공간적 확장'(*space extension*)은 영상이 벌어지고 있는 그곳에 존재하지 않아도 함께 존재할 수 있는 '원격 현장감'(*telepresence*)을 가능하게 했다. SNS는 우리의 활동과 인식의 공간적 범위를 전 세계로 확장한다.

　나아가 최근의 소셜미디어는 일대일 커뮤니케이션 도구에서 협력과 확산의 도구로 널리 활용되고 있다. 하나의 콘텐츠는 마치 세포분열처럼 세계라는 확장된 공간에 넓게 퍼질 수 있다.

동시성

SNS 중계는 중계자와 수신자의 콘텐츠 전달에 걸리는 시간을 획기적으로 감소시켜 실제 방송과 시청이 거의 동시에 이뤄진다. 이 같은 동시성(*simultaneity*)은 즉각적인 콘텐츠의 생산과 소비, 공유 그리고 재생산이 가능하기 때문에 뛰어난 현장성을 가지는 반면, 콘텐츠의 수정이나 보완이 어렵다는 특성이 있다. 그 때문에 방송 자체에 위험이 따르며 방송 이후 부작용이 생기기도 한다.

또한 동시성과는 별도로 시간에 대한 개인의 기록도 할 수 있다. 하나하나의 '이벤트 기록'으로 생성된 모든 포스트는 '나의 삶의 단편들'(My Life Bits)[1]처럼 일상생활과 삶, 나아가 역사의 기록이 된다. 페이스북의 '타임라인' 서비스가 좋은 예다.

접근성

해당 미디어에 얼마나 쉽게 접근할 수 있느냐가 매체 접근성의 척도가 된다. 그런 점에서 SNS 중계는 상대적으로 저렴한 비용으로 누구나 이용할 수 있기 때문에 접근성이 매우 높다. 특별한 지식이나 자격이 없어도 인터넷과 LTE 등을 이용해 언제 어디서나 사용

---

1 일상의 전화나 이메일 기록 등은 물론 센스 캠(*sense cam*)을 이용하여 20초마다 사진을 찍어 일상을 기록하는 것을 말한다. 마이크로소프트의 수석연구원 벨은 1998년 이 프로젝트를 위해 그의 일상을 디지털로 촬영하기 시작했다. 인간의 기억능력을 초월해 궁극적인 완전 개인기억을 기록하는 게 목표다.

가능하며 정부의 허가를 비롯한 누구의 간섭도 받을 필요가 없는, 무한하게 열린 접근성을 갖는다. 이는 미디어의 개인적 확장이라는 순기능도 있지만 불순한 목적을 가진 폭력적·선정적 콘텐츠는 사전에 근절할 수 없다는 폐해도 동시에 있다.

매체성

SNS를 통한 영상중계는 지난 텍스트 시대에서 영상미디어로의 확장이라는 측면에서 '미디어 다중성'(multi-mediality) 2을 띤다. 종전 인터넷 글쓰기는 HTML3 웹페이지에 텍스트만을 기반으로 두는 지속적인 단매체성(mono-mediality)을 견지했다. 글의 길이는 블로그와 SNS 등의 등장으로 점점 짧아졌고 텍스트가 갖는 미디어로서의 단조로움이 시대적 상황에 부합하지 못한다는 단점이 있었다. '설득'이나 '표현'의 긴 메시지에 대한 수요를 텍스트가 수용하지 못하자 개인적 표현욕구와 시대적 통신발달과 맞물려 영상 미디어를 이용한 개인 미디어의 시대가 열렸다.

이러한 '미디어 확장'(medial extension)은 SNS를 이용한 사진 이미지 링크나 페이스북과 유튜브를 이용한 영상 생중계 등에서 그 전형

---

2 복수의 미디어 양식(medial modalities)으로 구성되는 텍스트 속성.
3 인터넷 서비스의 하나인 월드 와이드 웹을 통해 볼 수 있는 문서를 만들 때 사용하는 프로그래밍 언어의 한 종류이다. 특히, 하이퍼텍스트를 작성하기 위해 개발되었으며 인터넷에서 웹을 통해 접근하는 대부분의 웹페이지는 HTML로 작성된다.

적인 모습을 볼 수 있다. SNS가 텍스트라는 이른바 '단매체성'에서 벗어나 미디어 다중성을 구현하고자 하는 것은 SNS를 통한 영상중계가 하나의 미디어로서 인식되는 것과 함께 구체화되고 있다. 최근 이를 둘러싼 수많은 경제산업의 움직임과 이를 알리는 뉴스는 SNS 중계가 갖는 매체적 특성에 대한 전향적인 증거라고 할 수 있다.

공유성

SNS 중계의 또 하나의 특성은 정서와 인식의 공유라는 점이다. '정서적 공유'(*emotional sharing*)란 예를 들어 음악이나 이미지를 링크하거나 시나 산문과 같은 텍스트를 링크하여 자신의 감정을 타인과 공유하는 것이다. 이를 위한 SNS 활용은 더 이상 단순한 커뮤니케이션에 머무르지 않고 정서적 기능을 수행한다.

그러나 최근엔 이런 정서적 공유 욕망이 정치·사회적으로 변질되어 집단적이거나 강제적인 모습을 보이는 경우도 있다. 지난 대선에서 부작용을 낳았던, 특정 후보에 대한 지지 표현을 집단으로 또 강제적으로 공유하려는 사람들의 SNS 영상유포가 좋은 예이다.

'인식의 공유'(*epistemological sharing*)는 SNS를 매개로 한 문자 현장중계나 실시간 동영상 중계에서 관찰할 수 있다. 이는 공간적으로 떨어져 벌어지는 이벤트임에도 이를 즉각적인 일로 경험하려는 라이브성(*liveness*)을 기반으로 두며, TV와 같은 뉴스 미디어의 '모니터링 기능'을 담당한다.

1인미디어의 시작, SNS

이젠 스마트폰과 태블릿 PC 등 디지털 기기의 보급으로 기존의 전파 인프라를 거치지 않아도 다양한 경로를 통해 미디어에 접근할 수 있다. 네티즌은 이를 기반으로 둔 1인미디어를 통해 직접 참여하며 자신만의 트렌드를 추구할 수 있다. 2013년 현재 우리나라 1인미디어 이용자의 사용 행태는 디지털 콘텐츠 중 블로그와 SNS(트위터, 페이스북, 카카오스토리)가 주를 이룬다.

트위터

 트위터는 블로그의 '인터페이스'와 미니홈페이지의 '친구 맺기' 기능을 두루 갖춘 SNS이다. 관심 있는 상대방의 정보를 실시간으로 공유하는 '팔로'(*follow*)라는 독특한 기능이 핵심이다. 그러므로 언제 어디서나 정보를 실시간으로 교류하는 '빠른 소통'이 가장 큰 특징으로서 그 어떤 미디어보다 전파력이 강하다.

2009년 1월, 뉴욕 공항에서 출발한 비행기가 허드슨 강에 비상 착륙한 사건에서 한 승객이 자신의 트위터에 사진을 찍어 올리자 이 소식은 일파만파로 퍼져 나갔다. 현장상황이 트위터를 통해 대중에게 중계된 셈이어서 이는 신문이나 방송이 할 수 없는 특종으로 취급되었다. 속보를 장점으로 하는 세계적 뉴스채널 CNN을 앞지를 정도로 신속한 '정보 유통망'으로 주목받는다.

그림 10-3 '트위터 팔로'의 전파력

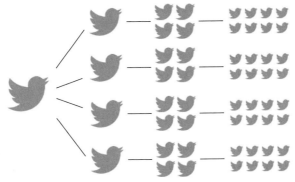

트위터의 '팔로' 기능은 엄청난 전파력을 가진다. 마치 세포분열과 같은 정보의 공유와 전파는 실시간 소통을 가능하게 한다.

페이스북

 페이스북은 현재 서비스되고 있는 SNS 중 가장 성공한 서비스이다. 모르는 사람과도 '친구 맺기'를 통하여 많은 이와 웹에서 만나 각종 관심사와 정보를 교환할 수 있다. 무엇보다 사용법이 매우 쉽고 다양한 자료를 공유할 수 있기 때문에 전 세계 15억 명의 가입자를 보유하고 있다. 13세 이상이면 누구나 이름·이메일·생년월일·성별 등의 간단한 신상 기입만으로 간단하게 회원으로 가입할 수 있다.

페이스북의 가장 큰 특징은 사람과 사람을 연결하고 서로 감정을 공유할 수 있도록 도와준다는 것이다. 사용자는 '좋아요'를 클릭하면서 친구들과 정서적 공감대를 형성하며 서로 간에 원활한 소통을 할 수 있다.

블로그

 웹(*web*) 로그(*log*)의 줄임말로 1997년 미국에서 처음 등장했다. 글 작성 순서에 따라 차례로 정리되는 일지(日誌) 형식을 띤다. 1인미디어의 출발점은 블로그였다. 초기에는 일반인이 자신의 관심사에 따라 일기·칼럼·기사 등을 자유롭게 올렸다. 최근에는 블로거가 소재를 자유롭게 선택해 개인출판·개인방송·커뮤니티까지 다양한 형태를 취하는, 일종의 정보형 1인미디어가 주종이다.

블로그를 방문한 사람들은 댓글을 달며 서로 의견을 주고받는다. 블로그의 댓글은 블로그가 여론을 형성할 수 있는 파급력을 갖게 하는 데 결정적 역할을 한다.

팟캐스트

 팟캐스트(*pod cast*)란 한 사람이 오디오·비디오 파일 형태로 콘텐츠를 제작하여 웹사이트에 올리면, 청취자가 그 파일을 다운로드 받아 아무 때나 들을 수 있는 1인미디어를 말한다. 내 마음대로 자유롭게 소재를 정할 수 있어 정치 분야부터 경제, 어학, 문화, 예술 등 다양한 주제를 다룬다. 청취자가 원할 때 다운로드 받아 들을 수 있어 편리하고 특수 방송장비가 없어도 누구나 제작해 배포할 수 있다는 장점이 있다.

쉬운 접근성 덕분에 사람들에게 미치는 영향력도 다른 어떤 미디어에 뒤지지 않는다. 국내에서 2011년 정치를 소재로 한 풍자 대담으로 인기를 끌었던 〈나는 꼼수다〉가 대표적 사례다.

유튜브

 동영상을 기반으로 둔 1인방송 시대가 열리면서 글 중심의 1인미디어 시대를 주도했던 블로그는 유튜브에 그 위치를 넘겼다. 매일 1억 개의 비디오 조회 수를 기록하는 세계 최대의 동영상 사이트 유튜브는 개인이 제작한 동영상을 올려 다른 사람과 공유할 수 있는 공간이다. 유튜브에 올라온 콘텐츠는 전 세계 사용자가 조회하고 평가한다.

이러한 매력 때문에 자신의 재능이나 창의성을 보여주는 기회의 장으로 사용된다. 가수 싸이의 뮤직비디오가 10억 조회 수를 돌파하며 세계적으로 유명해진 곳이 바로 유튜브다. 유튜브 동영상 시청 조회 수가 높아지면 인기 콘텐츠로 선정되어 전 세계 사용자를 대상으로 추천되기 때문에, 그 파급력과 영향력은 어떤 미디어보다 뛰어나다.

또 유튜브는 뉴스속보에 큰 역할을 한다. 스마트폰과 인터넷만 있으면 영상뉴스를 유튜브에 빠르게 올릴 수 있기 때문이다. 이 덕분에 실제로 전 세계 각국에서 실시간으로 벌어지는 사건·사고나 기존 미디어에서 외면됐던 사건도 유튜브를 통해 방송되어 일명 '유튜브 저널리즘'이라는 말까지 생겼다.

아프리카TV

아프리카TV (AfreecaTV) 는 인터넷 개인방송 서비스로서 특별한 기술·장비·비용 없이도 누구나 쉽게 PC나 모바일 기기로 언제 어디서나 실시간 생방송을 할 수 있는 개인 미디어이다. 웹캠 방송과 데스크톱 방송도 가능하다. 채팅 화면이 있어 방송 창작자과 시청자 사이에 실시간 소통이 가능하다. BJ라 불리는 1인방송 창작자가 개성 있는 콘텐츠로 시청자의 관심을 유도하면 이에 시청자는 BJ와 채팅하며 방송에 참여한다. 시청자는 사이버 머니 '별풍선'을 통해 창작자에게 자발적으로 시청료를 낼 수도 있다. 중계 소재는 온라인 게임, 화장법, 음식 등이다.

요즘 최고의 인기를 누리고 있는 BJ로는 온라인 게임을 하면서

그림 10-4 아프리카TV와 BJ

아프리카TV는 대도서관이라는 크리에이터 스타와 별풍선이라는 독특한 시청료 체제로 국내 1인미디어 방송 영역을 차지하고 있다.

출처: 아프리카TV

자신만의 플레이 비법을 보여주는 '대도서관'이 대표적이다. '대도서관'의 경우, 누적 시청자 수만 9,618만 명, 애청자 수는 백만 명에 달한다.

SNS 중계가 탄생한 배경을 설명할 수 있는 키워드는 두 가지로 압축된다. 영상 소비의 형태 변화와 이를 기술적으로 뒷받침한 인터넷과 모바일 기술의 발달이다.

영상 소비의 변화: OTT의 등장

최근 미디어 콘텐츠 분야를 대표하는 키워드는 모바일과 동영상, 두 가지다. 쉽게 말해 '요즘 사람들은 주로 스마트폰으로 동영상을 본다'는 말이다. 모바일 웹 또는 모바일 애플리케이션을 통해 제공되는 주문형 비디오(VOD)와 실시간 스트리밍 형태의 영상콘텐츠를 즐기는 추세가 젊은 층을 중심으로 빠르게 확산되고 있다.

우선 영상을 소비하는 기기의 변화를 보자. 2015년 정보통신정책연구원이 조사한 결과에 따르면 온라인 동영상 콘텐츠를 소비하는 미디어 기기 중 모바일의 비율이 44.5%를 기록해 2014년 36.7%보다 7.8%P 증가했다. 모바일 비율이 2.8%였던 2011년과 비교하면 4년 만에 무려 40%P 이상 증가한 것이다.

또 2014년 미래창조과학부 조사는 동영상의 확산 수준을 잘 알려준다. 당해 3월 한 달을 기준으로, 국내 무선데이터 통신량은 20만 테라바이트(TB)를 처음으로 넘었다. 휴대폰 가입자당 트래픽(통신량)도 3,342메가바이트(MB)로 사상 최대치를 기록했다. 이어 신기록 행진이 이어져 세월호 참사가 벌어진 2014년 4월에는 4G(LTE)만으로 69,402TB, 2016년 10월 최순실 게이트 때 236,847TB, 2017년 3월 대통령 탄핵 때는 265,276TB를 기록했다.

이는 무선데이터 사용량 중, 특히 동영상의 비중이 빠르게 증가하고 있기 때문이다. 2016년 1분기의 경우 무선데이터 사용량을 콘텐츠 유형에 따라 나눴을 때 동영상의 비중이 57.6%로 가장 높은 것으로 나타났다. 2013년 45.1%, 2015년 48.9%에 이어 1년 만에 10%P 가까이 다시 뛴 것이다.

이와 같은 모바일 동영상의 급성장은 결국 '올드 미디어'의 맏형 격인 TV의 지위까지 끌어내렸다. '닐슨 코리안 클릭'의 조사를 보자. 2015년 10대와 20대의 미디어별 동영상 하루 평균 이용자 수를 보면 모바일이 각각 332만 명, 498만 명으로 각각 315만 명, 466만 명인 TV 이용자를 앞지른 것으로 나타났다. 10대와 20대를 중심으로 TV보다 모바일을 선호하는 이 같은 역전현상은 시간이 지날수록 점점 심화될 것이며 미디어의 혁명적 전환을 가져다줄 것으로 예상된다.

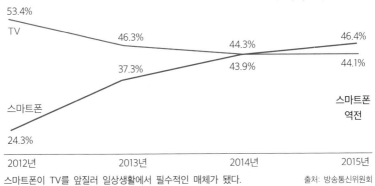

그림 11-1 연도별 일상생활에서 필수적인 매체

(전국 7,553명 대상 조사)

53.4%
TV
46.3%
44.3%
46.4%

37.3%
43.9%
44.1%

스마트폰
스마트폰
역전

24.3%

| 2012년 | 2013년 | 2014년 | 2015년 |

스마트폰이 TV를 앞질러 일상생활에서 필수적인 매체가 됐다.　　출처: 방송통신위원회

　바야흐로 모바일과 동영상 전성시대가 열린 것이다. 이 같은 추세는 더욱 가속화될 전망이다. 이와 같이 모바일 동영상 이용추세가 증가하는 것은 스마트폰 대중화 이후 모바일 중심의 생활 패턴이 확산되었고, 특히 젊은 세대의 경우 텍스트보다 동영상 소비에 익숙해졌기 때문이다. 더욱이 이동통신사 수익구조도 음성통화 위주에서 데이터로 재편되어 동영상 소비를 유도하는 데이터 트래픽 이용확대를 위한 부가 서비스와 요금제를 내놓고 있는 것도 작지만 빠질 수 없는 요인이다.

　이러한 변화에 발맞춰 동영상 제작과 유통산업이 새로운 형태로 증가 중이다. 이는 또다시 모바일 동영상 수요를 창출하는 순환 구조를 만든다. 스마트폰의 디스플레이는 동영상을 시청하기 알맞게 커지고 있으며 고화질의 동영상까지 시청하는 데 무리가 없을 정도로 성능이 향상되고 있다. 이를 뒷받침하는, LTE로 대표되는 서비스 인프라의 확충도 모바일 동영상 증대의 요인으로 작용한다.

그림 11-2 OTT 서비스

OTT는 인터넷을 통해 볼 수 있는 TV 서비스를 말한다. 사진은 애플 TV의 예.　　　출처: 애플

　이런 급격한 변화의 배경에서 'OTT'가 탄생했다. OTT(Over The Top)는 인터넷을 통해 볼 수 있는 TV 서비스를 일컫는다. OTT는 전파나 케이블이 아닌 범용 인터넷망(public internet)으로 영상 콘텐츠를 제공한다. 'Top'은 원래 TV에 연결된 셋톱박스(set top box)를 의미하지만 인터넷 기반의 동영상 서비스 모두를 포괄하는 광의적 의미로도 쓰인다.

　OTT 서비스가 등장한 배경에는 앞서 언급한 대로 초고속 인터넷의 발달과 보급이 있다. 빠른 인터넷 속도가 보장되자 동영상 서비스를 불편함 없이 즐길 수 있는 환경이 조성됐다. 그래서 OTT 서비스 대부분은 인터넷 속도가 보장되기 시작한 2000년대 중·후반부터 시작됐다. 구글은 2005년 '구글 비디오'를 출시했으며 이듬해 유튜브를 인수하며 본격적인 OTT 서비스를 시작했다. 2007년이 되자 넷플릭스가 인터넷 스트리밍 서비스를 시작했고 애플은 '애플TV'를 선보이며 OTT 서비스는 다양화와 아울러 경쟁 시대를 맞이했다.

구글 부회장인 빈트 서프(Vint Cerf)는 "우리는 곧 인터넷을 통해 대부분의 TV를 시청하게 될 것이다"(We would soon be watching the majority of our television through the internet)라고 이야기했다. 이 말이 실현되고 있는 장이 바로 OTT이다.

그림 11-3 OTT 서비스 개념도

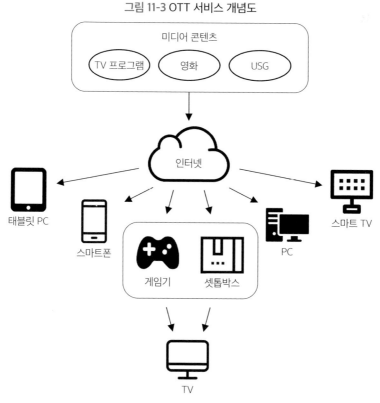

출처: 한국인터넷진흥원

그림 11-4 넷플릭스와 푹 그리고 티빙

OTT 산업 성장에는 해외의 넷플릭스, 국내의 푹과 티빙
같은 주요 사업자의 역할이 존재한다. OTT의 성장은
SNS 중계와 MCN의 등장을 촉진했다.

OTT로 기존 방송환경이 변화하고 있는 대표적인 곳은 미국이
다. 미국 방송환경은 수백 개의 케이블TV 채널이 공중파 이상의 영
향력을 갖는다는 점이 특징이다. 이 같은 미국 시장에서 인터넷과
모바일 등을 통한 OTT 서비스는 가파른 성장세를 보이며 케이블
TV를 포함한 기존 방송사를 위협하고 있다. 급기야 지난 2013년에
는 대표적인 OTT사인 '넷플릭스'(Netflix)가 미국 최대 케이블방송
인 HBO의 가입자 수를 넘어섰다.

가입자에 대한 상황은 시청률에도 이어졌다. 2014년 미국 케이
블TV는 전년도 같은 기간보다 12.7% 감소한 시청률을 기록했다.
이는 케이블TV 역사 이래 최대의 하락 폭으로 평가되었다. 이에 대
한 원인은 OTT 스트리밍 서비스가 케이블TV 시청자를 급격히 유
입하고 있다는 사실에서 찾을 수 있다.

이와 같은 OTT 산업의 급성장에는 '넷플릭스'가 존재한다. 최소
7.99달러의 월정액으로 영화와 TV프로그램 같은 영상 콘텐츠를 무
제한 공급하는 온라인 동영상 스트리밍 서비스는 케이블TV와 요금
면에서 일단 비교대상이 되지 않을 만큼 경쟁력이 있다.

넷플릭스는 1997년 비디오와 DVD를 우편이나 택배로 배달하는

그림 11-5 미국에서 주문형 서비스를 이용 중인 소비자의 비율

(대상국가: 미국, 월 1회 이상 스트리밍/다운로드 비디오 서비스를 이용하는 소비자 기준)

주: 여러 가지 요금제를 제공하는 서비스의 경우, 가장 많이 이용되는 요금제를 기준으로 분류함.

출처: 에릭슨 컨슈머랩

서비스로 사업을 시작했다. 이후 2007년부터 인터넷 스트리밍 서비스를 시작했다. 10년 만에 동영상 배달 수단이 우편이나 택배에서 디지털로 전환된 것이다. 2015년 유료 가입자만 5,700만 명에 달하며 현재 세계 최대 유료 스트리밍 서비스로 자리 잡았다.

또 다른 거대 OTT 사업자는 구글이 소유한 세계 최대 동영상 사이트 '유튜브'다. '동영상 = 유튜브'라는 공식을 만들어 낸 유튜브는 월 방문자 수만 10억 명을 자랑한다. 조사기관 '에릭슨 컨슈머랩'이 지난 2014년 미국에서 주문형 동영상(VOD) 서비스를 이용하는 소비자 비율을 조사한 결과, 60% 가까운 이용자가 유튜브를 통하는 것으로 나타났다. 최근에는 '유튜브 키즈'처럼 특정 시청자를 겨냥한 타깃(*target*)형 서비스도 내놓고 있다.

한국 OTT 서비스를 살펴보면 주요 사업자로는 2010년 6월 'CJ 헬로비전'이 내놓은 스트리밍 서비스 '티빙', KBS · EBS · MBC · SBS 등 공중파 방송사가 모여 만든 N스크린 서비스 플랫폼 '푹' 등이 있다. 하지만 국내는 아직 미국 시장처럼 사업 자체의 경쟁이 심하지 않을뿐더러 아직 두각을 나타내는 OTT 사업자를 찾기 힘들다.

이와 같은 OTT 산업이 저조한 원인은 우선 케이블TV 한 달 수신료 차이에서 찾을 수 있다. 미국 수신료는 10만 원을 너끈히 넘지만 한국은 만 원 안팎이다. 국내 유료방송 서비스 요금은 미국보다 상대적으로 저렴한 월 1만 원 안팎이지만, 케이블방송이나 IPTV 등으로 실시간 방송과 무료 VOD도 볼 수 있는 환경이 이미 조성됐기 때문에 수신료 인상은 저항을 받을 수 있다. 그러므로 산업 규모가 미국보다 상대적으로 왜소하며 성장에는 기본적인 한계가 있을 수밖에 없다.

또한 국내 OTT 시장의 플레이어 대부분은 'CJ 헬로비전'이나 '공중파 방송사', '네이트' 등 기존 영상제작 콘텐츠 사업자이다. 넷플릭스나 구글, 애플, 아마존 등 미국의 대표적 OTT 사업자는 모두 전통적인 미디어나 콘텐츠 제작 기업이 아니라, 영상을 유통하는 플랫폼 사업자다. 현재는 자체 콘텐츠를 만드는 단계까지 이른 기업도 생겼지만 서비스 초기에는 모두 콘텐츠를 보유하지 않고 플랫폼이나 단말기만으로 방송 시장에 진입했다. 그러므로 콘텐츠 제작에 관한 비용 부담 없이 유통에만 집중할 수 있었다. 한편, 최근 2016년 1월부터 서비스를 시작한 '왓챠 플레이'는 출시 1년 만에 100만 다운로드를 기록하는 등 OTT 시장의 새로운 바람을 일으키기 시작했다.

인터넷과 모바일 기술의 발달

SNS 중계의 등장은 1인방송을 가능하게 한 인터넷과 초고속 통신 등 모바일 기술 발전이 주도했다. 이전에는 중계방송을 하려면 대규모 인력과 장비 시스템이 필요했다. 즉, 카메라, 야외 스튜디오 등 제작 인프라가 갖춰져야 했고 PD, 스태프, 출연자 등 전문 인력이 역할마다 필요했다. 송출을 위한 중계차도 물론 필요했다.

그렇지만 인터넷 환경과 디지털 기술의 비약적 발달로 누구나 접근할 수 있을 만큼 SNS 중계가 대중화되었다. 아울러 유무선 네트워크 기술의 발달로 중계나 전송 도중 끊어지지 않는(seamless) 서비스를 이용자에게 제공하는 것이 가능해졌다. 또한 스마트폰의 보급 확대로 누구나 카메라를 소유하고 촬영할 수 있게 되었고 인터넷 통신망의 발달로 동영상을 빠르게 전송할 수 있게 되었다.

유튜브와 같은 동영상 공유 사이트는 방송을 내보낼 수 있는 플랫폼에 대한 접근성을 획기적으로 높였다. 유튜브에는 1분마다 300시간 분량의 동영상이 업로드된다. 동영상 제작의 진입 장벽이 낮아지고 동시에 소셜미디어가 확산하면서 사용자가 모이고 동영상 콘텐츠가 확산 및 유통되는 공간이 마련된 것이다.

디지털 제작 도구가 대중화되고 콘텐츠를 유통할 수 있는 플랫폼으로의 접근이 활성화됨에 따라 그동안 최종적 소비자에 머물렀던 사용자는 이제 적극적으로 콘텐츠를 제작하고 공유하는 생산자와 유통자로 변모하기 시작했다. 최소한 영상에 있어 소비자는 이제 생산자와 유통자를 겸비하고 있다. 영상이 전 세계 사람이 모두 관심을 가지고 공유하는 미디어가 된 것이다.

결국 소셜미디어의 확산과 영향력 향상에 따라 개인 영상 창작자가 전문화되고 기업화되었다. 그 기반에는 온라인과 모바일 기술의 발달이 있다.

유튜브의 등장으로 개인은 콘텐츠의 소비자인 동시에 창작자가 되었다. 즉, '창조적 소비자'인 프로슈머(*prosumer* : *producer* + *consumer*)가 되었다는 의미다. 이때 인터넷과 디지털 기술의 발달로 개인의 취미가 비즈니스로 변환하면서 새로운 산업이 창출된 것이 바로 MCN (Multi Channel Network) 산업이다.

MCN의 개념

유튜브 홈페이지에는 "MCN은 여러 개의 유튜브 채널과 제휴한 조직으로서 일반적으로 제품, 프로그램 기획, 결제, 교차 프로모션, 파트너 관리, 디지털 저작권 관리, 수익 창출·판매, 잠재고객 확보와 같은 다양한 분야에서 콘텐츠 제작자에게 도움을 제공한다"라는 설명이 있다.

이렇게 '다중 채널 네트워크'라고 불리는 MCN(Multi Channel Network)의 개념을 설명하고 있는 유튜브는 MCN 탄생과 매우 연관이 있다. 이들의 연관성을 알려면 먼저 유튜브의 수익구조와 콘텐츠 생태계를 살펴봐야 한다. 일단 유튜브는 사용자가 직접 제작한 동영상을 유통하는 OTT 플랫폼이다. 유튜브라는 플랫폼에 콘텐츠가 기하급수적으로 쌓이자 유튜브 사용자가 동영상을 편리하게 시청할 수 있도록 분류하고 홍보하는 일이 필요했다. 이를 처음에 MCN이 수

그림 12-1 다양한 MCN 업체

MCN 플랫폼을 지향하는 업체들은 지금과 같은 수익형 사업모델을 찾지 못했으나 서서히 서비스 경쟁이 치열해지고 있다.

행했다. 즉, MCN은 지금과 같은 수익형 사업 모델이 아니었다.

플랫폼 사업자인 유튜브는 수익을 위해 콘텐츠가 필요했다. 그래서 유튜브는 콘텐츠 제공자와 광고수익을 분배하는 정책을 펼치기 시작했다. 이런 수익 모델에 따라 인기와 경쟁력을 갖춘 영상 채널은 방문자 수에 따라 고수익을 올릴 수 있었고 여러 우수한 콘텐츠 제작자가 유튜브에 몰려들었다. 그러자 이런 채널 여럿을 묶어 1인 미디어를 비롯한 여러 콘텐츠 창작자의 동영상 제작을 지원하고 관리할 필요성이 대두됐다. 이런 조건으로 창작자와 수익을 나눠 갖는 서비스가 생겼는데 이것이 바로 MCN이다. 즉, MCN은 1인동영상 콘텐츠 창작자를 지원하고 관리하는 기획사다. 외국에서는 ITC(Internet Television Company), OVS(Online Video Studio) 등으로 부르기도 한다.

기존 연예산업에 비유하자면 '1인창작자'는 '연예인'에, MCN은 '연예기획사'에 해당한다. 'SM'이나 'JYP'와 같은 연예기획사가 가수나 연기자를 발굴하고 육성해 방송이나 이벤트 행사, 광고 출연 등 활동을 지원하고 관리하여 그 수익을 배분하듯, MCN은 1인창작자를 도와 콘텐츠의 기획부터 제작에 필요한 전 과정을 지원해 창출된 수익을 분배한다. 기획사와 매니지먼트사의 특징을 띤 MCN은 콘텐츠 창작자의 홍보, 프로모션, 수익창출 등 마케팅에서 저작권 관리까지 여러 서비스를 지원하고 체계적으로 관리해 콘텐츠 창작자가 제작에만 집중할 수 있도록 지원한다.

유튜브에서 탄생한 MCN은 이후 동영상을 공유함으로써 수익이 발생하는 플랫폼 어디에나 나타났다. 중국 최대 동영상 사이트인 '유쿠'(Youku)나 프랑스 최고의 동영상 공유 사이트 '데일리 모션'(Daily Motion)에서도 MCN을 찾아볼 수 있다. 이제 MCN은 플랫폼을 통한 유통에만 사업 영역을 두지 않고 '구글 크롬캐스트'(Google Chromecast), '애플TV' 등 다양한 동영상 플랫폼에 콘텐츠를 자체적으로 제작하고 공급하는 사업자로도 발전하고 있다.

우리나라에서는 유튜브와 함께 아프리카TV에서 MCN 생태계를 발견할 수 있다. '별풍선'이라는 독특한 수익모델을 만들어 낸 아프리카TV는 사실 국내에서 활동하는 인기 창작자 대부분을 키워낸 플랫폼이다. 아프리카TV에선 콘텐츠 창작자를 'BJ'(Broadcasting Jockey)라고 부르는데, BJ는 유튜브와 아프리카TV 동시에 콘텐츠를 유통하는 경우가 많다. 아프리카TV에서 생방송으로 만들어진 콘텐츠를 유튜브에 업로드하면 별도의 제작비 부담 없이 추가 수익이 만들어지기 때문이다.

이런 구조로 아프리카TV는 2013년 12월 유튜브와 콘텐츠 유통 협약을 맺었고 2014년 '파트너 BJ' 제도를 신설했다. 파트너에게는 별풍선 수익 외에도 아프리카TV 동영상 광고수익을 나눠준다.

아프리카TV의 활약 이외에 국내에서 가장 선두에서 시장을 개척하고 있는 MCN 사업자는 'CJ E&M'이다. CJ E&M은 2013년 MCN 사업에 본격적으로 진출한 이후 '크리에이터그룹'이라는 브랜드로 1인창작자를 지원해 왔다. 2015년 이 크리에이터그룹을 '다이아TV'(Digital Influencer & Artist TV)로 브랜드명을 바꾸며 MCN 사업에 새바람을 불러일으켰다. '새로운 사업모델 발굴', '플랫폼 확대', '글로벌 진출'이란 기치를 내걸고 2017년까지 크리에이터 파트너 2천 팀을 육성해 아시아 최고의 MCN 사업자로 성장하겠다는 목표다.

한편 언론의 경우, 〈조선일보〉가 2006년 편집국 기자에게 동영상 카메라를 나눠주고 영상 콘텐츠를 제작해 신문과 조선닷컴이라는 플랫폼을 통해 유통했던, 순수 저널리즘 측면의 MCN과 유사한 사례가 있다. 당시 기자들은 MCN 산업의 크리에이터처럼 각자 개성 있는 콘텐츠를 쏟아내 신문 독자와 닷컴 이용자에게 호평을 받았고 회사로부터 클릭 수에 따라 급여 이외에 인센티브를 따로 지급받았다.

특히, 편집국 사진부는 '픽토리'(Pictory: *picture story*의 준말)라는 유통채널을 따로 구축해 여러 다양한 콘텐츠를 선보였으며 일부 기자는 지금의 유명 크리에이터처럼 폭발적인 클릭 수와 다량의 누적 콘텐츠를 기록하기도 했다. 이는 마치 지금의 MCN과 매우 유사한 구조였다. 다만 하나의 별도 산업으로 발전하지 못했다는 한계가 있었다.

MCN의 역할

MCN의 역할은 우선 창작자가 동영상을 제작할 때 기획 단계에서 그 실행에 이르기까지 전반적인 컨설팅과 지원을 제공하는 것이다. 영상 제작을 위한 스튜디오와 설비 제공은 물론, 영상에 사용하는 음악, 효과, 그래픽 등의 제작을 도와주고 필요하면 라이선스 취득과 계약을 지원한다.

다음으로는 창작자의 개별 채널 도달률을 증대하는 방안을 모색하고 지원한다. 시청자 분석을 통해 창작자의 프로그램이 가장 효과적으로 사용자에게 전달되도록 소재분석과 진행방식에 관한 교육을 제공한다. 이를 위해 빅데이터로 콘텐츠 시청자의 나이, 지역, 구매패턴 등을 분석한다. 수집된 데이터를 패턴화해 콘텐츠 기획부터 편집까지 일련의 과정을 템플릿으로 만들어 창작자에게 제공하는 게 목표다. 최근에는 시청자의 성향을 파악하고 그들이 좋아하는 배우를 예측해 섭외하기도 한다.

이외에도 MCN은 매니지먼트 기획사로서 개별 채널의 마케팅을 담당한다. 창작자의 댓글 관리 등 소셜미디어 활동을 지원하고 홈페이지 제작과 관리를 돕는다. 오프라인 팬 미팅이나 PR, 언론 홍보 등을 통해 창작자와 개별 채널의 시장 가능성을 제고하는 데 협력한다. 또한 창작자의 채널이 소비자의 필요와 요구에 최적화될 수 있도록 지원한다.

MCN의 수익구조

MCN의 기본적인 수익 기반은 크리에이터의 콘텐츠를 플랫폼에 유통하면서 발생하는 소비자의 클릭 수와 광고 소비에 비례해 플랫폼으로부터 정산을 받는 콘텐츠 유통 수수료다. 대표적 플랫폼인 유튜브에서는 광고수익 배분율이 콘텐츠 제작자에게 최대 55%로 책정되어 있다. 온라인 플랫폼에서 가지는 독보적인 위상으로 유튜브의 수익 배분 비율이 다소 과하다는 논란에도 45% 선에서 고착되었다.

MCN은 콘텐츠 제작자의 몫인 55%를 다시 제작자와 3 대 7 정도의 일정 비율로 수입을 나눈다. 결과적으로 유튜브에서 생긴 최초의 수익에서 16.5% 정도가 MCN의 몫인 것이다. 이와 같은 구조에서 MCN이 광고수익에만 의존해 회사를 운영하기는 결코 쉽지 않다.

사실 MCN이 미디어 생태계에서 새롭게 주목받는 것은 단순히 광고수익을 관리하기 때문은 아니다. 광고수익 이외에도 콘텐츠를 통한 다양한 수익 모델을 적극적으로 확장하고 있기 때문이다. MCN은 연예기획사의 매니지먼트 사업모델을 벤치마킹해 여러 가지 부가적 사업을 추진해 수익을 확보한다. 특히, 콘텐츠와 관련해 제품의 간접광고(PPL: Product Placement), 브랜드와 캐릭터를 활용한 부가 상품, 팬덤을 활용한 머천다이징(merchandising: 상품화 계획), 이벤트 및 공연 등 다양한 수익형 사업을 펼쳐 만만치 않은 시장 가능성을 담보하며 콘텐츠 유통창구를 크게 확장하고 있다.

정리하자면 MCN 사업자의 주된 수익 모델은 유튜브 등 동영상 플랫폼을 통한 광고, PPL(간접광고), 기부형 디지털 아이템(별풍선처럼 아프리카TV에서 사용자가 주는 현금성 선물), 커머스(전자상거래), 캐릭터 상품, 이벤트 공연 등 오프라인(*off-line*) 수익 등으로 요약된다.

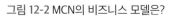

그림 12-2 MCN의 비즈니스 모델은?

MCN 시장은 지속가능한 산업환경을 만들기 위해 효과적인 비즈니스 모델을 찾아 성공사례를 만들어야 한다.

출처: 조선미디어, 구글TV

광고

유튜브를 비롯한 대부분의 플랫폼이 가동하는 광고 유형은 크게 네 가지다.

첫째, 배너광고는 플레이되는 동영상이나 추천목록 위에 별도의 배너(banner) 형식으로 표시되는 광고다.

둘째, 인스트림(in-stream) 광고(〈그림 12-3〉)는 동영상 재생 전이나 도중 혹은 재생이 끝난 후 삽입되는 30초 이하의 광고를 말한다. 본 영상을 재생하기 위한 스트리밍 시간을 이용해 광고를 노출한다.

셋째, 인비디오(in-video)는 동영상 하단에 가로로 길게 혹은 사각형으로 등장하는 오버레이(overlay) 광고다. 동영상과 겹쳐 노출되므로 동영상 플레이 후 표시되며 사용자가 광고를 닫을 수 있다.

마지막으로 트루뷰(true view) 광고는 시청자가 실제로 광고를 시

그림 12-3 유튜브 자체 광고

유튜브에서 재생되는 동영상에 인스트림 광고를 제작해 준다는 내용을 유튜브가 자체적으로 광고하고 있다.
출처: 유튜브

청한 시간에 대해서만 광고료를 지불하기 위해 고안됐다. 시청자가 4~5초간 광고를 본 후, 광고를 계속 볼지에 대해 선택권을 부여한다. 건너뛰기가 가능한 트루뷰 광고는 광고주 입장에선 실제로 광고가 노출된 정확한 시간에 따라 광고료 집행이 가능하고 시청자 입장에선 광고를 통제할 수 있어 실제 동영상 시청까지 용이하게 접근할 수 있다.

이와 같은 다양한 형식의 광고를 도입하고 적극적으로 광고주를 유치해 창작자와 수익을 배분하는 제도는 유튜브를 비롯한 MCN 생태계의 근간을 이룬다. 이어서 콘텐츠의 질과 양이 증가하고 이에 따라 광고도 증가하자, MCN은 커진 영향력을 업고 유튜브를 거치지 않은 채 광고주와 직접 거래하는 광고 영업을 시작했다. 광고주와 MCN의 직접 거래는 대부분 PPL(간접광고)을 통한 스폰서십 영상을 제작하는 것이다.

이 같은 양자 간의 직거래는 플랫폼과 배분해왔던 광고수익과는 달리 오롯이 MCN과 크리에이터의 몫이다. 유튜브의 경우 플랫폼에 분배됐던 45%의 배분을 하지 않아도 된 것이다. 따라서 MCN은 적극적으로 PPL 스폰서십 유치에 나서고 있다.

간접광고

일반적으로 PPL이라고 부르는 간접광고는 제작하는 콘텐츠에 상품을 노출하는 방식의 광고를 말한다. 방송 프로그램 안에서 상품을 소품으로 활용하거나 무대나 세트에 적절히 배치해 화면에 노출하는 형태의 광고다. 온라인 플랫폼에서는 광고 규제가 심하지 않고 방송의 형식과 소재, 언어 사용과 표현이 비교적 자유롭기 때문에 가능한 형식이다. 상품의 노출 시점과 시간에 따라 광고가격을 차별화하기 때문에 광고주는 신중한 선택을 한다.

앞서 살핀 대로, 특히 간접광고를 통한 수익은 플랫폼과 나눌 필요가 없으므로 MCN으로서는 아주 매력적인 수익 모델이다. 하지만 PPL은 해당 상품과 관련성이 높은 주제로 이야기구조를 설정하고 상품도 자연스럽게 노출하는 것이 중요하다. 이 같은 자율적 노력에도 불구하고 간접광고가 자칫 노골적 상업성을 띤다면 예리한 시청자의 시선을 피하기는 어려우며 결국 콘텐츠의 신뢰성은 떨어진다.

커머스

PPL이 간접광고라면 커머스는 직접광고의 성격을 갖는다. 미디어 커머스(media commerce)란 방송과 쇼핑이 결합한 전자 상거래 방식으로, 홈쇼핑, 쇼핑 채널을 생각하면 쉽게 이해할 수 있다. 커머스는 쌍방향 커뮤니케이션이 발달한 SNS에 콘텐츠와 결합을 시도하는 새로운 트렌드로 MCN의 또 다른 수익 모델로 떠올랐다.

원래 커머스(commerce)란 생산과 유통 그리고 소비의 경제 순환 과정에서, 특히 유통 부문에서 재화 및 서비스의 교환 또는 생산자와 소비자를 연결하는 행위를 말한다. 콘텐츠 기업 MCN은 이러한 커머스를 이용해 상품 기업과 협업하며 제품을 기획하고 출시하면

그림 12-4 커머스 광고

세상에서 제일 비싼 28만원짜리 파운데이션을 발라봤다/라프레리 파운데이션

조회수 2,974,635회

억지스러운 PPL이 아닌 뷰티, 메이크업 채널이 주종이며 전문성을 바탕으로 콘텐츠 자체가 PPL로 이뤄진 경우도 많다. 하지만 제품 노출이 우선인 PPL보다 더욱 전략적인 스토리 구성이 필요하다.

서 이익을 얻을 수 있다. 크리에이터가 방송에서 협찬받은 제품을 사용하거나 아예 이들 상품을 중심에 두고 관련 콘텐츠를 제작하는 방식이다.

하지만 제품 노출이 우선인 PPL보다 더욱 전략적인 스토리 구성이 필요하다. 시청자 입장에서 공감할 수 있는 방송 콘텐츠가 되어야 한다. 미디어 커머스는 영상 콘텐츠를 이용해 제품을 소개하고 그 결과 훨씬 효과적으로 상품에 대한 정보를 전달할 수 있다는 것이 강점이다. 또한 고객도 자연스럽게 많은 정보를 습득할 수 있어 효과적인 판매 전략이 될 수 있다.

기부형 디지털 아이템

MCN은 수익 일부를 플랫폼에게 분배받아 크리에이터와 나누어 가지는 형태로 이익을 얻는다. 그러므로 기본적으로 소속 크리에이터의 채널에 구독자가 많아질수록, 즉 광고 노출이 많을수록 수익이 증가한다. 하지만 이러한 광고수익은 단가가 매우 저렴해 유의미한 이익을 거두기에는 어려움이 많다. 따라서 단순 광고수익 외에도 여러 유형의 수익 모델이 개발되었다.

　기부형 디지털 아이템은 이러한 배경에서 탄생했다. 아프리카TV의 '별풍선'이 대표적이다. 시청자는 콘텐츠에 대한 자신의 관심과 만족을 현금 전환이 가능한 가상화폐인 별풍선을 통해 창작자에게 자발적으로 시청료 형식으로 보낼 수 있다. 마치 페이스북의 '좋아요' 같은 기능이다. 미국의 '트위치TV'(Twitch TV), 중국의 'YYTV' 등에서도 이러한 기부형 아이템을 수익 모델로 삼는다.

오프라인 활동

MCN은 콘텐츠에 관련된 오프라인의 이벤트를 기획하고 주최해 행사수익과 기업의 후원 등을 받음으로써 이익을 얻기도 한다. 게임 전문 MCN 기업이 게임 스타리그를 열었던 것이 대표적이다. 이외에도 연예기획 매니지먼트 회사의 전통적 수익 모델을 벤치마킹해 스타 크리에이터가 직접 광고 모델로 나서는 경우도 있다. 유명한 스타 크리에이터는 웬만한 연예인 못지않게 젊은 층에 인기를 끌고

그림 12-5 MCN 크리에이터 광고

MCN은 유명 크리에이터를 직접 광고에 출연시켜 MCN의 가치를 상승시키고 이들의 오프라인 활동을 지원하는 등 여러 기획을 통해 수익을 창출한다.　　　　　　　　출처: 유튜브

있어서 실행 가능한 수익 모델이다.

　이 밖에도 MCN 기업은 방송 출연, 강연, 캐릭터 상품 판매, 쇼핑몰 운영 등 다양한 수익 모델을 전 방위적으로 시도한다. 유튜브 외 기존 방송 플랫폼, OTT 사업자에게도 콘텐츠를 공급하며 온라인 매장 운영, 대기업과 공동 마케팅 등으로 수익 구조를 다변화하고 있다.

MCN 산업의 현황

최근 모바일 미디어 시장에서 활약하는 기업은 MCN 콘텐츠 창작자 기업, MCN 유통 플랫폼 기업 등 크게 두 가지로 분류된다.

MCN 콘텐츠 창작자 기업

국내 MCN 콘텐츠 창작자 기업의 대표적인 사례는 CJ E&M의 다이아TV다. 국내에서 가장 선두에서 콘텐츠 시장을 개척하고 있는 MCN 사업자는 CJ E&M이다. CJ E&M은 지난 2013년 MCN 사업에 본격적으로 진출해 '크리에이터그룹'이라는 브랜드로 1인창작자에 대한 마케팅, 저작권 관리, 콘텐츠 유통 등 다양한 분야를 지

그림 12-6 다이아TV

CJ E&M의 다이아TV는 국내 MCN 콘텐츠 창작자 기업의 대표사례로 꼽힌다.   출처: 다이아TV

원해왔다. CJ E&M은 게임, 엔터테인먼트, 뷰티, 음악, 요리 등 다양한 분야에서 활동하는 개인 창작자를 발굴해 그들의 콘텐츠와 함께 자사 콘텐츠를 유통하면서 시너지를 낸다. '대도서관', '영국남자', '씬님' 등이 소속되어 있다.

해외의 경우, 구글은 유튜브를 기반으로 유튜브 크리에이터랩을 운영한다. 좋은 창작자를 발굴하기 위해 매월 운영하는 교육 프로그램이다. 유튜브 채널평가 및 개선방안을 공유하고 일대일 컨설팅을 진행하면서 다른 창작자와 교류할 수 있다.

MCN 유통 플랫폼 기업

MCN 콘텐츠를 유통하는 플랫폼도 주목받는다. 국내에는 아프리카TV, 판도라TV, 네이버 V앱 등이 MCN 콘텐츠 플랫폼으로 활약하고 있다.

이 가운데 가장 두각을 나타낸 건 '아프리카TV'다. 2006년 3월 '자유로운 무료 방송'(all free casting)이란 이름으로 국내에서 정식 출시된 생중계 서비스다. 아프리카TV는 '별풍선'이라는 후원 시스템을 통해 국내 온라인 생중계 시장의 선두에 섰다. 시청자가 마음에 드는 방송 진행자(BJ)를 향해 날리는 '별풍선'이라는 새로운 시스템으로 스타 BJ를 배출했다.

미국에는 '유스트림'이 있다. 2007년 미국에서 출시된 동영상 생중계 서비스 유스트림은 '유비쿼터스'(ubiquitous)와 '스트리밍'(streaming)이 더해진 단어로 '언제 어디에서나 실시간으로 흐른다'는 의미

그림 12-7 미국의 대표 MCN 사업자

메이커스튜디오, 어섬니스TV, 머시니마

다. 유스트림이 본격적으로 유명세를 떨친 건 2008년 버락 오바마
(Barack Obama) 대통령의 선거유세 중계 덕분이다. 국내에서도 '유
스트림'은 대통령 후보와 서울시장 등 정치인이 많이 활용했다.

   너무나 유명한 유튜브를 제외하고 대표 MCN 사업자로는 '메이
커스튜디오', '어섬니스TV', '머시니마' 등을 꼽을 수 있다. 2009년
리사 도너번(Lisa Donovan)과 벤 도너번(Ben Donovan) 남매가 설
립한 메이커스튜디오(Maker Studio)는 크리에이터를 발굴하고 육
성하는 데 초점을 맞춘다. 메이커스튜디오는 이들을 교육하고 지원
하는 대가로 유튜브 광고수익을 나눈다. 비교적 다양한 연령대의
폭넓은 시청자층을 두고 있는 것이 특징이다.

   '어섬니스TV'(Awesomeness TV)는 배우 출신의 브라이언 로빈스
(Brian Robbins)가 2012년에 설립한 MCN이다. 주로 10대를 겨냥
한 코미디나 음악, 리얼리티 등의 콘텐츠가 많다.

   '머시니마'(Mashinima)는 2007년 설립된 MCN으로 20~30대 남
성을 주 시청자로 확보하고 있다. 머시니마라는 이름이 기계와 영
화, 애니메이션을 합친 단어인 만큼 게임 엔진이나 그래픽, 스토
리, 소프트웨어 등을 활용해 만든 동영상이 주종이다.

   한편 이들 MCN 유통 플랫폼의 영향력이 커지자 미국의 거대 미

표 12-1 국내외 주요 MCN 사업자 현황

구분	MCN	설립	보유채널	정기구독자	월 방문자	투자 유치액 및 현황
해외	머시니마	2007	1만 5천	4억 3천	35억	• 4천 2백만 달러 • 타임워너 460억 원 투자
	메이커 스튜디오	2009	6만	6억 3천	73억	• 9억 5천만 달러 • 2014년 월트디즈니가 10억 달러(1조 원)에 인수
	어섬니스TV	2012	8만 8천	5,040만	23억	• 1억 2천만 달러 • 2013년 드림웍스가 3,300달 러에 인수
국내	다이아TV	2013	650		8억 2천	• 유튜브 공식인증 등 해외플 랫폼 제휴 활발
	트레저헌터	2015	150		2억	• 157억 원 • 중국 진출
	아프리카TV	2014	10만		1천 만	• 국내 최초 수익구조 구축

출처: KT 경제경영연구소

디어도 인식과 태도를 바꿨다. 2013년 디즈니와 드림웍스 그리고 타임워너 같은 메이저 미디어가 MCN을 인수하여 지분투자 등의 방법으로 MCN 사업영역에 진출하고 있다. 디즈니는 10억 달러에 메이커스튜디오를 인수했으며 드림웍스는 3,300만 달러에 어섬니스TV를 사들인 놀라운 일이 벌어졌다.

새로운 형태의 기업

국내 포털사이트 네이버는 다소 뒤늦게 개인방송 서비스에 뛰어들었다. 그래서 유명인이 많이 출연하는 예외적이고 특화된 전략을 들고 나왔다. 인터넷 서비스 사업자가 유명인과 손을 잡은 것이다. 2015년 8월 페이스북에 앞서 모바일 라이브 방송 서비스를 출시한

그림 12-8 네이버의 브이

네이버의 '브이'는 유명인을 등장시킨 예외적이고 특화된 서비스를 출시했다. 스타가 직접 자신의 생활을 라이브로 공개하는 등 이색적인 전략을 세웠다.   출처: 네이버

네이버는 여기에서 스타의 라이브 방송을 볼 수 있는 모바일 애플리케이션 서비스 '브이'(V)를 만들었다. 브이는 처음부터 유명인을 위한 MCN 방송 서비스에 초점을 맞추어 시청자를 끌어들이려 시도했다. 이것이 인기를 많이 얻었던 것도 사실이다.

아이돌 가수뿐만 아니라 인기 요리사, 뷰티 크리에이터 등 라이브 방송을 진행하면서 유명인을 많이 끌어들였다. 그 덕분에 서비스 출시 후 1년도 되지 않아 채널 수가 25개에서 180여 개로 증가했고 누적 영상재생 수도 4억 건을 넘어섰다.

레거시 미디어의 대응

온라인 동영상 서비스에 익숙한 젊은 세대를 중심으로 모바일 기기를 통한 MCN 이용이 빠르게 확산 중이다. 할리우드의 유명배우는 이제 자신의 영화 홍보를 위해 유튜브 채널에 출연한다. 기존 미디어보다 유튜브 채널의 효용성이 크기 때문이다. 이런 변화는 기존 방송 생태계의 재편을 암시하며 동시에 새로운 영역의 탄생을 의미한다.

레거시 미디어의 콘텐츠가 대중을 대상으로 송출하는, 다시 말해 불특정 다수를 위한 콘텐츠라면 크리에이터의 콘텐츠는 사용자가 직접 찾아 구독하는, 즉 특정인을 위한 충성도 높은 콘텐츠이므로 마케팅 면에서 매우 유리하다.

이런 이유로 레거시 미디어, 즉 공중파와 케이블TV 등 기존 미디어는 MCN 서비스에 적극적으로 대응하기 시작했다. 미국에서는 글로벌 미디어가 MCN 산업에 대규모로 투자하며 국내에서도 주요 공중파와 종편, 케이블TV뿐만 아니라 유명 연예기획사까지도 속속 MCN 산업에 뛰어들고 있다.

그 배경에는 콘텐츠의 중심 플랫폼이 점차 온라인과 모바일로 이동하는 미디어 환경이 있다. 레거시 미디어로서는 모바일 환경에서 콘텐츠의 가치를 인정받고 수익모델을 개발해야 하는 등 새로운 출구를 찾아야만 한다. 이를 위해 레거시 미디어는 기존 콘텐츠와 1인 방송 크리에이터 콘텐츠 간의 시너지를 통한 제3의 콘텐츠를 기획하는 등 새로운 미디어 환경 적응에 필요한 매우 절박한 생존 실험도 하고 있다.

TV의 MCN 진출

사실 국내 방송사가 MCN에 뛰어드는 것은 전혀 새로운 일이 아니다. 인터넷에서 1인방송이 인기를 얻자 공중파 TV에서도 인터넷방송 형식을 빌려 프로그램을 만들었다. MBC의 〈마이 리틀 텔레비전〉이 대표적으로, TV 스타나 사회 각층 전문가 등 5명이 자신만의 콘텐츠를 가지고 직접 인터넷 생방송을 하는 1인방송 대결 프로그램이다. 이 프로그램의 성공은 1인방송의 공중파적 변주를 상징적으로 보여줬다. 이후 공중파의 대표 공영방송 KBS도 '예띠'라는 브랜드로 MCN 사업에 발을 들였다.

종합편성사도 MCN 사업에 뛰어들었다. JTBC는 자사 아나운서를 내세워 '장성규의 짱티비씨(JjangTBC)'라는 MCN 콘텐츠를 만

그림 12-9 TV의 MCN 진출

MBC의 〈마이 리틀 텔레비전〉은 기존의 TV스타가 자신만의 콘텐츠를 가지고 직접 인터넷 생방송을 하는 1인방송 프로그램이다.

출처: MBC

들었다. 생방송은 아프리카TV와 다음팟 라이브, 페이스북 라이브를 통해 중계하고 이를 재가공하여 유튜브, 페이스북은 물론 네이버, 카카오TV, 곰TV 등 다양한 플랫폼에 업로드한다.

이와 같은 TV의 MCN 진출은 바야흐로 TV 방송사가 자사 콘텐츠를 유통하는 우선적 플랫폼으로 웹과 모바일을 선택하는 전략을 세운 것으로 풀이된다. MCN이 차세대의 콘텐츠 제작과 유통의 플랫폼으로 유력시되고 반대로 TV는 사양세로 접어들었기 때문이다.

이러한 움직임은 좀더 지켜봐야겠지만 일단 MCN이라는 대안 미디어 생태계가 그동안 점차 시장에서 독과점 기득권을 잃고 있는 기존 미디어에 새로운 기회를 제공할 수 있다는 측면에서는 긍정적이다.

MCN의 TV 진출

이와 같은 흐름에 역행해 최근엔 거꾸로 MCN이 TV로 진출하는 사례도 생겼다. 다이아TV는 2017년 개국한, CJ E&M에서 운영하는 크리에이터 전문 케이블TV 채널이다. 2013년 만든 '크리에이터그룹'이라는 브랜드를 개명하며 케이블TV로 진출했다. 다이아TV는 Digital Influence & Artist TV의 약자다. 디지털 세상에 영향을 미치는 TV가 되자는 의미다. 글로벌 10위권을 목표로 온라인과 오프라인을 넘나들며 활동한다. '크리에이터의, 크리에이터에 의한, 시청자를 위한 방송'이라는 슬로건을 내세운 아시아 최초의 1인창작자 전문 방송채널로 애플리케이션은 물론, 유튜브와 페이스북에 동시 생중계된다.

MCN의 TV 진출은 인터넷 영역에서 꽃피우던 모바일 문화가 기존의 엄숙한 대중매체 영역으로 유입된다는 의미다. 특유의 자유로움과 개성 발휘가 특징인 1인미니어 중계방송에 기존 미디어가 가지지 못했던 '소통'이라는 가치를 발휘한다면 미증유의 방송 프로그램이 나올 수 있을 것이라는 기대도 있다.

또한 비주류로 분류됐던 모바일 문화가 전통미디어와 만나면서 국내 크리에이터의 위상도 한층 높아질 것으로 기대된다. 심의 규제에서 비교적 자유로웠던 크리에이터가 양질의 콘텐츠를 만들려면 모바일에서 발휘했던 것 이상으로 기발한 아이디어와 고급 콘텐츠 제작기술을 갖춰야 할지 모른다. 그렇게 만들어진 양질의 콘텐츠는 결과적으로 MCN을 바라보는 시각이 달라지는 하나의 출발점이자 시장 규모가 크게 성장할 수 있는 경제산업적 기회로 작용할 수 있다.

불안하고 어두운 전망

MCN은 마치 미래 콘텐츠 시장의 궁극적 해답인 것처럼 미디어계를 회오리처럼 한바탕 휩쓸고 있다. 이러한 상황이 반영된 MCN의 전반적인 전망에도 불구하고 MCN 산업은 아직까지도 마땅한 수익모델이 형성되지 않아 비관적인 말들이 나오고 있다.

영국남자, 양띵, 악어 등 대중적으로 이름을 알린 '수억 원대 연봉' 1인크리에이터는 여전히 성공적으로 활동하고 있다. 이들이 소속된 다이아TV에는 400여 명의 파트너가 소속되어 관리를 받고 아프리카TV에는 적어도 5천 명의 창작자가 활동한다. 수많은 MCN 사업자와 인터넷방송 진행자가 등장하면서 MCN 스타가 되는 것도 연예인이 되는 것만큼 어려워진 셈이다. 몇몇 크리에이터가 억대의 수입을 올리고 있지만 이는 극소수에게만 해당하는 일이다. 이렇듯 모바일에 특화된 콘텐츠 제작 산업에는 장벽이 많이 존재한다. 아직 이 분야의 상당수 기업의 매출이 비용을 넘어서지 못하고 있다.

모바일 동영상 광고가 주된 수입원으로 그 규모가 커지고 있지만 여전히 클릭당 단가는 낮고 전체 시장 역시 작은 규모다. 콘텐츠를 유료로 판매한다는 생각 역시 지금 시도할 수 있는 단계는 아니다. 실제로 MCN, 그리고 모바일 동영상 분야는 그 어느 때보다 각광받고 있으나 이들을 관리하는 MCN 기업은 수익을 내지 못하고 있다. 인기를 얻은 크리에이터가 홀로 독립이라도 하면 MCN 사업자는 휘청할 수밖에 없다.

일반 크리에이터도 사정이 좋은 편은 아니다. 모바일 동영상 콘텐츠 소비가 증가하면서 조회 수는 과거보다 급증했지만 이에 못지않게 광고수익의 파이를 나눌 크리에이터와 콘텐츠도 많이 늘어났기 때문이다. 간접광고 영상의 경우에도 광고주로부터 직거래를 할 수 있으나 아직은 단발성 계약이 많고 수익성도 높지 않다는 업계의 전언이다.

이렇듯 MCN의 잠재적 가능성에 대한 기대에도 불구하고 미래에 대한 우려는 MCN 곳곳에서 들린다. 이는 지속할 수 있는 수익

그림 12-10 2세대 MCN 스타는 누가?

1세대 크리에이터를 대신할 선발공모전 광고. MCN은 지속가능한 수익구조 마련에 대한 불안 때문에
새로운 크리에이터 발굴 등 새로운 산업적 가치를 모색하고 있다.　　　출처: 네이버 TV 캐스트

구조 마련에 대한 불안 때문이다. MCN이 순기능적 미디어 시장환
경을 구축해 새로운 산업적 가치를 생산할 수 있느냐의 문제는 아
직 가능성의 영역에 머물러 있다.

　MCN은 이에 대한 극복을 위해 무엇보다도 데이터 분석에 따른
타깃 소비자 연구와 이에 따른 더욱 정교한 수익 모델을 창출해야
한다. 또한 앞으로 계속 성장을 거듭하려면 양질의 고급 콘텐츠 생
산이라는 가장 기본적인 사항에 더욱 천착해야 한다. 지속가능한
산업환경을 만들기 위해서는 효과적인 비즈니스 모델을 찾아 성공
사례를 만들어내야 한다. MCN 산업은 현재 기회와 위험이 병존하
고 있다. 우리가 MCN에 주목해야 할 이유다.

MCN의 의의

산업으로 등장

현재 MCN이 산업으로 성장하며 확산되고 있는 것은 분명하다. 하나의 문화현상으로 출발했던 '1인미디어 중계방송'이 이제 산업으로 진화하는 것을 우리는 목격하고 있다. 유튜브를 비롯한 동영상 플랫폼에는 매일 엄청난 규모로 게임, 요리, 뷰티, 음악 등 다양한 콘텐츠가 업로드되며 이를 전 세계에서 적극적으로 소비한다. 생산과 소비라는 산업경제적 행위가 모바일과 인터넷에서 대규모로 벌어지고 있는 것이다.

젊은 세대는 TV에 나오는 연예인보다 유튜브나 아프리카TV의 크리에이터에 열광한다. MCN은 이들 스타를 이용해서 광고를 유치하고 다양한 커머스 활동을 펼치며 상업적 수익을 올린다. 이런 순환과정을 통해 MCN은 산업적 가치를 제고하며 미디어 산업의 거대한 공룡으로 진화 중이다.

미디어로의 변화

미디어 산업은 전통적으로 레거시 미디어가 일방향으로 대중(mass)에게 메시지를 전파하는 '일대다'의 커뮤니케이션 구조였다. MCN은 이런 종전의 미디어 산업에서 수용자였던 '다수의 1인'이 메시지의 주체가 되었다는 점에서 혁명적이다. 수동적이던 '1인들'은 스스로 콘텐츠를 생성하고 그 속에 메시지를 담은 미디어로서의 주체가 되었고 그 과정에서 MCN 산업의 확장도 이뤄지고 있다.

세계 곳곳 1인미디어의 모바일 환경 속에서 각자의 SNS를 통해 유기적으로 결합하고 메시지를 확장하는 것은 '소통'(커뮤니케이션)이 핵심인 미디어에서 가장 강력한 무기가 된다. MCN은 탄생 자체만으로 미디어 역사에서 의의를 지닌다.

민주주의의 확장

'1인미디어'는 MCN 산업의 핵심으로 개별적으로 활동하는 동시에 각자의 팬덤을 형성하여 사회에 영향을 미친다. 레거시 미디어의 일방적 목소리에 의존할 수밖에 없던 '다수의 1인'이 직접 화자가 되어 기존의 화자였던 레거시 미디어를 무용화하는 현상이 일어나고 있다. 미디어의 '힘의 전위'가 미디어에서 발생하고 있는 것이다.

누구나 자유롭게 동영상을 올리고 자신만의 목소리를 가지는 개인 플랫폼의 확산은 MCN의 성장과 함께 민주주의의 확장이라는 사회적 가치와 연결될 수 있다. 디지털 기술로 가능해진 1인미디어 중계방송은 MCN이란 새로운 플랫폼을 제공하며 기존의 생산자와 소비자의 경계를 허물고 참여·공유·소통이 가능하도록 미디어 환경을 민주적으로 탈바꿈하고 있다.

MCN의 미래

MCN은 산업과 미디어 그리고 민주주의로서의 의의가 있다. 그렇지만 '다음은 무엇인가?'(What's next?) 라는 질문에 선뜻 답변할 수 있는 사람은 흔치 않다. MCN이 개별 크리에이터가 가진 영향력을 하나로 연결해 이를 산업적으로 혹은 미디어로서 극대화하려는 노력을 지속할 것이라는 점은 분명하다. 그리고 크리에이터가 좀더 세분된 소비자와 소통해 콘텐츠를 더욱 고급스럽게 만들 수 있도록 과학적으로 분화된 지원을 할 것이다. 핵심은 양질의 콘텐츠가 될 것이다.

MCN은 이런 양질의 콘텐츠를 중심으로 유기적으로 연결되는 '멀티콘텐츠 네트워크'(multi-contents network) 로 진화하는 중이다. 이때의 콘텐츠는 영상물뿐 아니라 플랫폼과 비즈니스모델, 인적 환경(창작자, 출연자, 제작자) 을 모두 포함하는 광의적 의미에 가깝다. 이를 'MCN 2.0'이라고 부른다.

'오리지널 콘텐츠'라고도 불리는 'MCN 2.0'은 MCN 사업자와 창작자, 동영상 플랫폼이 기획 단계부터 협업해 제작하는 콘텐츠를 뜻한다. 최근 성공한 영상 콘텐츠는 포맷(형태) 보다는 사용자의 이용 행태에 주목하고 참여를 유도하는 방식으로 제작한 것이란 공통점이 있다. 콘텐츠 이용자에게 어떤 가치를 제공할 수 있는지에 대한 고민이 필수적이다. MCN의 미래는 콘텐츠에 달렸다.

유튜브

전 세계 네티즌이 동영상 콘텐츠를 올리고 공유하는 웹사이트로 당신(*you*)과 브라운관(*tube*: 텔레비전)의 합성어이다. 2005년 2월에 채드 헐리(Chad Hurley), 스티브 첸(Steve Chen), 자웨드 카림(Jawed Karim)이 "Broadcast Yourself"(스스로를 방송하라)라는 슬로건을 내걸고 공동으로 창립했다. 세 명의 창립 멤버는 친구들에게 파티 비디오를 배포하기 위해 "모두가 쉽게 비디오 영상을 공유할 수 있는 기술"을 생각해냈고 이것이 유튜브의 시초가 되었다.

　2006년 〈타임〉지 선정 최고 발명품으로 꼽히는 등 웹 2.0의 선두 주자로 급부상했다. 개인 이용자가 제작한 동영상을 인터넷에 공개하고 공유하는 플랫폼인데 2006년 구글에 인수되었다. 2008년에는 한국어 서비스를 시작했으며 현재 76개 언어를 지원하고 있다. 인터넷과 디지털 기기의 발달에 따라 전 세계적으로 UCC(User Created

Content) 혹은 UGC(User Generated Content) 동영상이 급속히 성장
하면서 사용자 수가 엄청나게 늘어났으며 유튜브는 중국 등 일부 국
가를 제외한 전 세계의 인터넷 동영상 시장을 장악했다. 현재 누가
뭐라 해도 세계 제 1위의 동영상 공유 사이트다.

하지만 유튜브는 기본적으로 콘텐츠 유통 플랫폼 회사라는 한계
가 있다. 우수 콘텐츠 확보가 자연스레 관건이 된다. 따라서 유튜브
는 콘텐츠를 생산하는 크리에이터 우선 정책을 펼쳤다. 다음 프로
그램은 콘텐츠에 대한 자생력을 강화하기 위한 유튜브의 정책이다.

시청자 개발 그룹

유튜브는 2011년 3월 '넥스트 뉴 네트워크'(Next New Networks)를
인수했다. 그 배경에는 '파트너와 함께' 동영상 콘텐츠 시장을 만들
어나가겠다는 의지의 천명이 있었다. 유튜브가 '넥스트 뉴 네트워
크'를 인수한 것은 코미디, 자동차 등 전문 프리미엄 동영상 콘텐츠
를 자체 조달해 서비스하여 온라인 동영상 플랫폼으로서 경쟁력을
키우고자 함이었다.

2007년 설립된 넥스트 뉴 네트워크는 원래 동영상 제작지원 전문
업체로 유명했다. 마치 할리우드 제작자와 유사한 역할로 단순히
동영상 배포작업을 도와줄 뿐 아니라 수익창출 방안까지 지원하는
등 지금의 MCN의 초기 모습을 띠고 있었다.

이는 이후 유튜브에서 '시청자 개발 그룹'(Audience Development
Group)으로 발전했고 MCN이 탄생하는 환경으로 이어졌다.

파트너 보조금 프로그램

유튜브는 '파트너 우선'(Partner with Youtube)에 이어 2011년 '유튜브 넥스트'(Youtube Next) 전략을 발표했다. 즉, 유튜브에 동영상을 제작하고 공급하는 파트너를 적극적으로 발굴하고 지원하자는 콘텐츠 크리에이터 후원전략이다. 대표적으로 '파트너 보조금 프로그램'(Partners Grants Program)이 있다. 이는 유명 동영상 콘텐츠 크리에이터가 될 수 있는 잠재력과 가능성을 보이는 창작자에게 장비 구입 등의 제작비를 미래에 발생할 광고수익으로 사전 지불하는 것이다. 이런 유튜브의 정책은 '시청자 개발 그룹'의 탄생에 이어 MCN이 탄생할 수 있는 필요조건이 되었다.

유튜브 파트너스 프로그램

유튜브가 세계적 규모로 성장한 것은 시청소비자에게 볼 만한 거리를 제공하기 때문이다. 그러므로 이런 프리미엄 영상 콘텐츠를 지속해서 관리하기 위해서는 창작자의 제작을 격려하는 시스템이 필수적으로 필요하다.

　이런 이유로 '유튜브 파트너스 프로그램'(Youtube Partners Program)이 탄생했다. 이 프로그램은 1인창작자에게 자신의 콘텐츠에 붙은 광고의 노출 수와 클릭 수를 근거로 수익을 배분해 준다. 이와 같은 일종의 인센티브 시스템은 창작자에게 콘텐츠 생산의 동기부여를 했고 이후 MCN 산업 탄생의 물적 초석이 되었다. 취미 수준으로 영상제작을 즐기던 수많은 창작자에게 동영상 콘텐츠로 상업적 이익을 추구할 수 있다는 가능성을 보여줌에 따라 유튜브에 업로드되는 콘텐츠의 양과 질은 급격히 향상됐다. 이에 따라 시청자도 늘자 광고가 붙기 시작했다. 이후 인기 채널의 창작자와 광고주를 연결해 주는 에이전시, 즉 MCN이 등장했다.

페이스북

페이스북은 미국에서 가장 성공한 소셜 네트워크 서비스 웹사이트 중 하나다. 미국 나이를 기준으로 13세 이상이면 누구나 이름·이메일·생년월일·성별 등 간단한 신상명세 기입만으로 회원가입할 수 있으며 '친구 맺기'를 통하여 많은 이들과 웹상에서 만나 각종 관심사와 정보를 교환하고 다양한 자료를 공유할 수 있다.

2004년 당시 19살이었던 하버드대 학생 마크 저커버그(Mark Zuckerberg)가 학교 기숙사에서 사이트를 개설하며 창업하자 곧 하버드 학생 절반 이상이 가입했고 이어 스탠퍼드·컬럼비아·예일 학생도 이용할 수 있게 됐으며 계속해 미국 대부분 대학과 고등학교에까지 확장되었다.

2008년 말부터 SNS 분야 선두주자로 나섰고 2009년 9월 가입자 수 3억 명을 돌파하였다. '세계 모든 사람을 연결하겠다'는 목표를 지닌 페이스북의 자체 통계에 따르면 가입자의 70%는 미국이 아닌 다른 국가에 거주하는 사람으로 나타났으며, 2016년 기준 가입자 수는 15억여 명에 이르렀다.

　이와 같은 페이스북의 성공 비결은 정서와 의견의 전달이다. 그리고 사생활 공개와 공유도 뺄 수 없는 요건이다. 페이스북에는 자

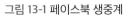

그림 13-1 페이스북 생중계

2017년 부산항 축제의 일환으로 입항한 해군함정의 모습을 지인들에게 실시간으로 개인 중계방송을 하고 있는 페이스북 화면. 이를 시청하는 팔로워도 실시간으로 댓글을 달며 서로 소통하고 있다.
출처: 영산대 MCN 동아리

신이 올린 글뿐만 아니라 친구의 동정이 실시간으로 게시된다. 이때 '좋아요'(*like*) 누르기와 '답글'을 통해 친구로 맺어진 사람의 반응과 정서, 감정을 공유할 수 있다. 이것이 페이스북의 특성이 발현되는 성공 포인트다. 페이스북 이용자는 서로의 감정과 생각, 정서를 실시간으로 하이퍼링크한다. 그래서 정보가 전파되는 속도보다 정서나 의견이 전달되는 속도가 더욱 빠르고 범위 또한 매우 넓다.

또 다른 페이스북의 특징은 생중계다. 최근 페이스북의 라이브 서비스는 20대 총선과 함께 크게 주목받았다. 여러 후보자가 유세 과정을 페이스북 라이브 서비스를 통해 공개하는 등 MCN 방송 서비스를 유권자에게 자신을 알리는 통로로 사용했다. 페이스북도 한 종합편성채널과 개표방송을 공동으로 진행하는 등 20대 총선을 페이스북 라이브 서비스를 알리는 중요한 기회로 활용했다.

다른 사례로 지방자치단체도 페이스북 공략에 나섰다. 대구시는 2017년 대구치맥페스티벌 기간(7월) 동안 생생한 축제 현장을 대구시 공식 페이스북으로 생중계했다. 지방자치단체 행사가 세계적인 페스티벌로 발돋움하기 위한 글로벌 홍보 수단이었다. 개막식부터 현장 인터뷰, 치킨 부스 탐방 등을 생중계로 내보내고 SNS 댓글 참여자에게 치맥 관련 기념품을 증정했다. 페이스북 사용자는 대구시 공식 페이스북과 친구 맺기나 '좋아요' 누르기를 해두면 실시간 방송이 있을 때마다 시청할 수 있었다.

영상과 중계에 대한 비교

유튜브와 페이스북은 콘텐츠 관리와 접근경로에서 가장 극명하게 비교된다. 유튜브 이용자는 보통 '인기 상승', '관심 동영상', '채널 맞춤' 등의 검색이나 추천을 통해 동영상에 접근한다. 이때 시청자의 시청 형태를 고려해 콘텐츠가 알맞게 추천되기도 한다. 반면 페이스북은 '친구'나 구독하는 페이지에 의해 영상이 전파된다. 장점으로는 같은 동영상을 공유하며 공감대가 형성된다는 점이다.

또한 유튜브는 채널과 검색을 통해 일목요연하게 콘텐츠를 볼 수 있는 등 관리가 잘 되어 있지만 페이스북은 채널 관리와 검색기능은 상대적으로 약한 편이다. 다시 말해, 유튜브의 인기 영상이 검색과 추천을 통해 지속적으로 확산된다면 페이스북은 지인의 공유를 통해 영상이 확산되는 셈이다.

영상 중계에 관심이 있다면 초반에는 페이스북이 더욱 편리하다. 지인이 '좋아요'를 누르거나 공유하는 일은 보통 부담스럽지 않기 때문이다. 댓글도 쉽게 달린다. 반면 유튜브는 검색이 잘 안 되거나 초반에 인기를 얻지 못하면 묻히기 쉽다.

또한 유튜브는 데스크톱 PC를 기반으로 확장해왔고 페이스북은 모바일 기반으로 확장했다는 점도 다르다. 유튜브는 다른 전문 프로그램, 즉 자막이나 효과 프로그램 등과 연동이 잘 된다. 반면 페이스북 생중계는 이제 걸음마 단계라고 볼 수 있다.

하지만 이런 상황은 스마트폰을 들고 현장에 나가면 역전된다. 상대적으로 페이스북 사용법이 평이하고 단순하기 때문에 쉽게 방

표 13-1 유튜브와 페이스북 비교

구분	유튜브	페이스북
개설	2005년	2004년
성격	동영상 서비스	소셜 네트워크 서비스
특징	우수한 검색기능과 영상관리	지인, 팔로워로 공유
플랫폼	PC 위주	모바일 위주
콘텐츠 강점	전문방송, 개인방송	현장성 중시, 생중계 영상
정보유형	동영상	동영상, 사진, 텍스트
전파속도	낮음	빠름
동영상 수익	가능	불가

송할 수 있다. 순간적으로 방송을 전파해야 하는 상황이라면 페이스북이 훨씬 유리하고 전파속도도 좋다.

종합하자면 유튜브는 주로 전문적인 방송 그리고 시간을 들여 준비하는 콘텐츠에 더 적합하다. 강의, 콘텐츠 분석(영화나 애니 등)에는 유튜브가 더욱 편리하다. 이에 비해 페이스북은 현장중계나 실시간 방송에 더 적합하다. 순간적인 반응속도와 확산도 빠른 편이고 단순한 인터페이스 덕분에 방송을 준비하는 부담도 적다.

이런 차이점으로 많은 언론사는 유튜브보다 페이스북을 통해 중계하는 데 치중한다. 개인 1인미디어는 페이스북보다는 유튜브에 치중한다.

SNS를 이용하여 1인미디어가 중계하는 콘텐츠는 한계가 없을 정도로 매우 다양하다. 게임, 영화, 패션, 뷰티, 스포츠 등 자신의 관심사를 방송하는 사람도 있고 시도되지 않은 새로운 분야에 나서는 사람도 있다. 누구나 마음만 먹으면 특정 콘텐츠를 가지고 1인미디어를 만들어 방송할 수 있는 시대가 온 것이다.

이와 같은 상황에서 SNS 중계를 통해 유통되는 콘텐츠의 가장 큰 매력은 무엇일까? 바로 쌍방향 소통이다. 크리에이터는 팬과 지속적으로 소통하면서 팬이 원하는 방식으로 콘텐츠를 변화해 나간다. 최근 성공한 영상 콘텐츠는 포맷(형태)보다는 사용자의 이용 행태에 주목하고 참여를 유도하는 쌍방향 방식의 제작이라는 공통점이 있다. 즉, 콘텐츠 이용자에게 어떤 가치를 제공할 수 있는지가 관건이다.

그렇다면 과연 SNS 중계와 MCN은 어떻게 이용자의 가치를 수용하며, 그러한 콘텐츠는 무엇인가? 이런 질문의 해답을 찾기 위해

그림 14-1 중계콘텐츠?

중계콘텐츠는 뷰티, 음식, 게임 등 다양하며 이를 유통하는 플랫폼도 여러 종류다.

출처: 한국콘텐츠진흥원 멀티채널포트

분류의 방법으로 콘텐츠의 특징을 분석하거나 이용자의 수용성 파악에 대한 기본적 정보를 정리해 보자.

콘텐츠 특징에 의한 분류

스낵컬처 콘텐츠

'스낵컬처 콘텐츠'(*snack culture contents*) 란 가볍고 편리하게 먹는 간식처럼 짧은 시간에 큰 부담 없이 편안하게 즐길 수 있는 문화 콘텐츠를 말한다.

스낵컬처의 확산은 역시 스마트폰과 관련이 있다. 스마트폰이 빠르게 보급되면서 이용자가 TV에서 콘텐츠를 소비하는 시간은 급격

그림 14-2 스낵컬처 콘텐츠와 버티컬 미디어 콘텐츠

[사이:Between] EP#1. 개강 실화! 첫날부터 조별과제!?
Between · 조회수 2.9만회 · 1개월 전

[WANNA ONE] 워너원 황민현 메이크업 튜토리얼 with 썬님 박스 |
ssin·썬님 · 조회수 38.7만회 · 6일 전

[웹드라마] 나도 사랑해 - ep.1 우리 결혼했어요
뭥뭥 뜨는 날 Production · 조회수 14.8만회 · 3개월 전

71세 똑! 단발머리 메이크업 [박막레 할머니]
박막레Bakmakre · Korea Grandma · 조회수 28.6만회 · 5일 전

소름 돋는 웹드라마 떡밥 모음 - 이스터에그 영상
쿨TV · 조회수 16.8만회 · 1주 전

팬톤 2017 가을 컬러 어텀메이플 메이크업
Galaxy Girl · 조회수 24.2만회 · 6일 전

[투니 최초 웹드라마] 빛나는 나라 1화 나 초딩 아니거덩?!
Tooniverse 투니버스 · 조회수 72.6만회 · 2개월 전

♥ Heartbeat Makeup (With subs) 두근두근 메이크업
PONY Syndrome · 조회수 130만회 · 1개월 전

[오늘도 형제는 평화롭다] 웹드라마 드디어 나온다!!
쿨TV · 조회수 2.7만회 · 1일 전

NARS One Brand Makeup 나스 원 브랜드 메이크업 | SSIN
ssin·썬님 · 조회수 24.7만회 · 1주 전

'스낵컬쳐 콘텐츠'인 웹드라마와 '버티컬 미디어 콘텐츠'인 메이크업 방송은 유튜브 검색으로 쉽게 접근할 수 있다.　　　　　　　　　　　　　　　　　　출처: 유튜브

히 줄었다. 대신 스마트폰으로 콘텐츠를 소비하는 경향이 생겼다. 이는 언제 어디서나 짧게 이용할 수 있는 스마트폰의 '자투리' 특징 때문이다. 웹용으로 개발된 소설, 드라마, 만화 등 소비하는 데 길어야 10분 안쪽의 시간이 걸리는 스낵컬처 콘텐츠가 인기를 끌게 된 것이다. 이것은 이동 중이나 틈새 시간에 스마트폰을 이용하는 사용자의 습관에 편성한 것이다. 1인창작자와 이를 관리하는 MCN은 짧은 길이의 동영상 제작 필요성을 다시금 인식하였다.

MCN에서는 부담 없는 내용과 형식의 콘텐츠를 선호한다. 따라서 소소한 일상이 소비하기 수월한 짧은 길이의 영상에 담겨 사용자에게 제공된다. MCN 트레져헌터가 네이버와 손잡고 공급한 '72초 드라마'가 좋은 예다.

버티컬 미디어 콘텐츠

'버티컬 미디어 콘텐츠'(*vertical media contents*)는 특정 분야에 집중한 콘텐츠를 말한다. 사용자는 기존 미디어가 제공했던 분류되지 않은 정보와 오락, 뉴스의 홍수 속에 노출되어 있다. 많은 사용자가 자신만의 특화된 관심사에 더 많은 시간을 할애하고자 한다. 그 결과로 게임과 뷰티, 패션 등 좀더 세분된 개인기호와 욕망을 충족해 주는 콘텐츠에 대한 수요가 증가했다.

최근의 MCN은 창작자가 가진 전문성을 바탕으로 사용자의 신뢰를 얻을 수 있는 세분화된 소재의 방송을 제작한다. 창작자는 제작 기법의 전문화와 함께 콘텐츠 내용의 전문성을 겸비해야 한다. MCN이 등장하기 이전, SNS에서 유통되던 콘텐츠는 개인이 취미로 제작하던 UCC(User Created Content)였다. 하지만 최근에는 MCN과 프로의 전문성을 가진 아마추어가 제작하는 PCC(Proteur Created Content)가 콘텐츠의 주종을 이룬다.

대표적인 버티컬 미디어 콘텐츠는 게임이다. 게임 콘텐츠는 SNS 중계에서 가장 인기가 높다. 게이머가 직접 게임하는 영상을 생중계하고 이 영상을 보는 현상이 청소년 사이에 하나의 문화로 자리 잡았다. 아프리카TV에서도 전통적으로 게임 중계방송이 강세다.

이런 이유로 최근엔 게임 특화 생중계 서비스도 나오기 시작했다. 선두는 2011년 미국에서 출시된 서비스 '트위치'다. 이용자는 게임 방송을 생중계할 수 있고 시청할 수도 있다. 10~20대 연령층이 주로 이용하며 월간 사용자 수는 5,500만 명에 달할 정도로 인기가 높다.

플랫폼에 의한 분류

기성 TV 콘텐츠

현재 소비되고 있는 모바일 동영상을 크게 셋으로 구분하면 한 축은 TV 방송국 등 기성 제작 시스템을 통한 드라마, 스포츠 중계, 영화 등이다. 특히, 최근 주요 방송영상 기업은 모바일 기반의 플랫폼을 확충하기 위해 다양한 OTT 서비스를 내놓고 있다. 여기에 충당되는 콘텐츠는 기성 TV에서 제작한 콘텐츠가 대부분이다.

UCC, PCC

모바일 동영상의 또 다른 축은 기성 콘텐츠의 형식을 탈피한 새로운 제작 시스템의 영상 콘텐츠이다. 초기 UCC에서 발전된 형식으로 소셜 크리에이터가 만들어낸 영상 콘텐츠와 주로 기성 영상콘텐츠 제작 경험이 있는 전문가가 개인 혹은 집단을 이뤄 만든, 모바일에 특화된 영상 콘텐츠(PCC) 등이 이 구분에 해당한다.

이들의 특징은 TV 등 기성 영상 콘텐츠와의 차별성이다. 모바일 소비 패턴에 최적화된 콘텐츠 제작을 지속해서 시도한 결과다. 모바일 생활 패턴과 모바일 기기의 특성에 맞춰 10분 내외의 짧은 길이로 제작된다. 에피소드 중심의 간단한 스토리도 동반한다.

이는 제작기술과 비용 측면에서 기성 콘텐츠와 직접 경쟁이 어렵다는 점에서 생긴 전략이기도 하지만 기성 방송 콘텐츠가 모바일 소비 패턴과 맞지 않아 생기는 틈새를 적극적으로 공략하는 전략이기도 하다.

　기성방송의 상업적 목적을 가진 콘텐츠와 차별화를 위해 최근엔 다양한 목적으로 제작되는 사례가 많다. 그중 공익캠페인 콘텐츠가 대표적이다. 기업과의 협력을 통해 시청자에게 유익한 정보를 제공하면서 공익캠페인을 벌이는 콘텐츠도 시도되고 있다.

　그 밖에 교육이나 강의 콘텐츠 그리고 뉴스를 모바일 콘텐츠 형식으로 특화해 유통하는 MCN의 활동도 있다.

생중계 콘텐츠

> 사진 한 장이 백 마디 말보다 더 많은 것을 담아낼 때도 있습니다. 하지만 실시간 동영상은 당신을 그곳으로 데려가 당신이 그곳에 있는 것처럼 볼 수 있게 합니다. 페리스코프는 당신의 또 다른 눈과 귀가 되어 줄 것입니다.　　　　　　　　　―'페리스코프' 소개 글 중에서

인터넷이나 모바일 환경에 기반을 둔 '라이브'라는 새로운 콘텐츠가 탄생했다. 지금까지 실시간의 성격을 가진 동시성은 공중파 방송 등 기존 미디어 사업자의 전유물이었다. 이 부분은 인터넷 기반의 영상 서비스보다 기존 사업자가 경쟁력을 차지했던 분야였으며 전용 방송 중계망에 기반을 둔 서비스였다.

　그러나 페리스코프와 페이스북 라이브 스트리밍 서비스 등은 실시간을 '생활 이벤트'(*life event*)의 영역이라고 규정했다. 개인의 일

그림 14-3 1인미디어 생중계

스마트폰으로 페이스북 라이브를 통해 부산항 축제 불꽃놀이 상황을 생방송으로 중계하고 있다. 이와 같은 생중계 콘텐츠는 '라이브'라 불리며 '1인미디어 시대'를 열었다.   출처: 영산대 MCN 동아리

상적 순간이 언제 어디에서나 공유될 수 있다는 실시간 동시성을 천명한 것이다.

국내에선 '아프리카TV'나 '유스트림'이 2000년대 중반 PC 기반으로 탄생했다. 아프리카TV에는 자신의 공부하는 모습을 생중계하는 채널도 있다. MCN 생방송이 반드시 무언가를 알리고자 하는 목적에만 사용되는 것은 아니다. 단지 재미로 MCN 방송 서비스를 이용하기도 한다. 하지만 그저 재미로 혹은 특정한 목적 없이 중계된 영상마저도 MCN 방송 서비스를 통해 큰 영향력을 가지기도 한다.

2015년에는 모바일에 특화된 생중계 서비스가 등장했다. 모바일 기술발전은 MCN 중계의 콘텐츠 전파력을 증대하여 SNS 중계 영상콘텐츠 시장을 흔들었다. '미어캣'과 '페리스코프'가 대표적인 중

표 14-1 SNS 라이브중계 플랫폼과 특징

플랫폼	생방송 환경	시청 환경	재생	특징
페이스북 라이브	모바일	모바일, PC	생방송 이후 타임라인에서 가능	친구, 팔로잉 기반의 확산성 위치기반으로 방송 찾기 가능 90분에서 4시간으로 중계시간 연장 실시간 중계, 토크쇼 등 가능 2인 동시중계 등 다양한 기능
유튜브 라이브	모바일, PC	모바일, PC	유튜브 채널 자동 저장	200만 명에 달하는 최대 구독자 창작자 우선 광고수익 배분 생중계와 콘텐츠 유통 동시 가능
아프리카TV	모바일, PC	모바일, PC	생방송 이후 모바일 앱과 PC웹서 가능	국내 생중계 1위 유료아이템 '별풍선'으로 쌍방향 소통 접근 용이, 사용자 편의성, 콘텐츠의 다양성
페리스코프	모바일	모바일, PC	생방송 이후 24시간 이내 가능, 영상 영구저장 기능 제공	위치기반 방송 찾기 가능 트위터와 연동 세로 촬영/보기 지원
유스트림	모바일, PC	모바일, PC	생방송 중 녹화 기능	무제한 회원제로 접근 용이 엔터, 스포츠 등 카테고리 형
미아캣	모바일	모바일, PC	생방송 전용, 이후 재생 불가	미국 등 국제적 1인방송 플랫폼 트위터 자동 링크 공유, 팔로워 중 로열티 형성
브이앱	모바일	모바일, PC	지정 인기영상 재생 가능	연예인, 스포츠스타 등이 채널 운영 글로벌 시장 타게팅

계 SNS다. 이들은 모두 온라인 생중계와 트위터라는 SNS를 결합한 일종의 소셜 생방송 플랫폼 형태를 띤다.

2015년 출시된 미어캣(MeerKat)은 스마트폰으로 간편하게 SNS의 일종인 '트위터'에 방송을 생중계할 수 있는 애플리케이션이다. 가수 마돈나도 최근 발표한 앨범 《리벨 하트》(Rebel Heart)의 수록곡 〈고스트 타운〉(Ghosttown) 뮤직비디오를 미어캣을 통해 최초로 공개했다.

미어캣이 출시된 지 한 달 뒤, 강력한 경쟁 서비스가 등장했다. 트위터가 출시한 '페리스코프'다. 페리스코프는 회원가입을 따로 거치지 않고 트위터 계정과 연동해 쓸 수 있다. 간단한 방송 소개 글을 적고 '시작' 버튼을 누르면 바로 생방송이 시작된다. 방송 주소를 트위터 팔로워와 공유해 시청을 유도하고 팔로워들이 진행 중인 실시간 방송도 볼 수 있다. 시청자는 댓글을 달거나 하트를 보내는 식으로 방송에 참여한다.

콘텐츠의 미래

현재 MCN 동영상은 활발한 소비에도 불구하고 아직 시청자에게 '무료'라는 인식이 강하다. 콘텐츠의 가치를 충분히 인정받지 못하고 있는 셈이다. MCN 동영상의 가치가 높아져야만 단순한 광고수익 이외에 유료 서비스 활성화, 판권 판매 및 IP 비즈니스 등의 사업 확대가 가능하다.

이런 상황에서 콘텐츠의 가치를 제고하려는 핵심 가치로 '융합'이 등장했다. 현재 방송과 MCN의 융합이 일어나고 있으며 브랜드와 콘텐츠의 융합도 시작되었다.

MCN의 탄생조차 예상하지 못했던 상황에서 미래의 1인미디어 중계영상의 콘텐츠를 예측하는 것은 매우 어려운 일이다. 하지만 과학기술과의 융합 시도는 반드시 이뤄질 것이다. 실제로 현재 MCN 업계는 가상현실(VR: Virtual Reality)이나 증강현실(AR: Augmented Reality)과의 결합을 통한 새로운 장르의 콘텐츠 발굴을 꾸준히 진행 중이다.

유튜브는 지난 2015년 '360도 콘텐츠'(VR)를 지원하기 시작했고 페이스북에서도 당해 같은 서비스 지원을 시작했다. VR 이후는 증강현실(AR)로 방향이 설정되리라는 것이 업계의 일반적인 관측이다.

2017년 국내 뷰티 MCN '뷰티밋츠'는 뷰티 VR 콘텐츠를 제공하는 '돌리는TV' 채널을 개국했다. 돌리는TV가 페이스북과 유튜브에서 공개한 첫 번째 에피소드는 6명의 인기 뷰티 유튜버가 등장하여 제한시간 내에 시청자에게 주고 싶은 화장품을 고르는 내용을 담았다.

한편, 인공지능(AI: Artificial Intelligence) 기술은 MCN 콘텐츠의 효과를 측정하기 위한 '빅데이터' 분석에 활용되고 있다. 이미 유튜브는 사용자의 검색용어를 분색해 사용자의 구미에 맞는 영상 메뉴를 첫 페이지에 추천하는 서비스를 펼치고 있다. 사용자의 이용행태에 주목하고 참여유도를 목적으로 더욱 심화된 연구도 활발히 진행 중이다. 이 같은 연구는 댓글이나 태그 같은 텍스트 분석을 통해

그림 14-4 돌리는TV

VR의 특징을 이용해 이름 붙인 '돌리는TV'는 6명의 인기 유튜버가 360도 공간을 활용해 등장한다.

출처: 돌리는TV

모바일 미디어 환경에 맞는 MCN 동영상에 대한 여러 분석지표를 제시해 미래 콘텐츠 제작에 활용할 수 있을 것으로 기대된다.

SNS 1인미디어 방송은 라이브 방식과 녹화 방식으로 정리할 수 있다. 최근 방송제작 방식과 스마트폰 기술이 상당히 보완되었기 때문에 전문방송 못지않게 영상의 품질을 높일 수 있다.

　고품질의 영상 콘텐츠를 위해서는 효율적인 장비와 콘텐츠 선택이 매우 중요하다. 더욱이 이제는 전문가가 아닌 가히 1인미디어 시대라 할 만하다. 양질의 영상을 올리려면 효율적인 장비는 물론 최신 기기와 촬영용 액세서리에 관한 지속적인 관심이 필요하다. 그러한 관심을 충족하기 위한 정보를 소개하고자 한다.

장비 선택의 기준과 목적

1인영상 제작을 위한 장비 선택에는 일정한 기준이 있다. 일단 가벼워야 한다. 아무리 성능이 뛰어난 장비라도 무거워서 휴대용으로 적합하지 않다면 더 많은 인원이 동원되어야 한다. 그리고 장비 무게로 인한 인원 증가는 제작 효율을 오히려 떨어뜨릴 수 있다. 물론 합리적인 가격도 간과할 수 없으므로 고품질의 영상 콘텐츠를 제작할 수 있는 적절한 성능을 고려해야 한다.

요약하자면 가볍고 휴대성이 뛰어나야 하며 합리적 가격과 여러 기능 지원이 방송장비 선택의 조건이다.

장비의 종류

카메라

1인미디어 제작자는 DSLR 카메라, 미러리스 카메라, 스마트폰, 웹캠, 액션 카메라 등 다양한 카메라를 사용해 촬영하며, 콘텐츠를 제작한다.

미러리스 카메라

미러리스(*mirrorless*) 카메라는 매우 가벼우며 동시에 신뢰할 수 있는 수준 높은 동영상 자동초점(AF: Auto Focus) 기능을 갖췄다. 동영상 자동초점 기능은 개인이 스스로 영상을 촬영하는 1인미디어 환경에서 더욱 뛰어난 성능을 보이며 다수의 인원이 동원되는 영화 촬영보다 1인미디어 촬영에 매우 효율적이다.

그림 15-1 미러리스 카메라와 웹캠

출처: 공상제작소, 이베이

웹캠

아프리카TV와 같은 라이브 및 1인미디어 방송을 위한 촬영에는 웹캠이 적격일 때가 많다. 웹캠은 USB로 컴퓨터와 간단히 연결할 수 있다. 화소가 떨어진다는 단점이 있었으나 기술의 발달로 상당히 개선됐다. 설치가 매우 간단하며 상대적으로 저렴하고 화질이 우수하다. 출시된 제품은 다양한데, 특히 라이브 방송용으로 출시된 카메라를 주목할 필요가 있다. 노트북의 경우 카메라가 탑재된 기종이 많아 별도의 웹캠 구입이 필요하지 않을 수도 있다.

VDSLR

비디오기능을 겸하는 카메라를 VDSLR이라고 한다. 최근 여러 방송에서 정통 캠코더 대신 VDSLR을 사용하는 경우가 늘고 있다. VDSLR이 동영상을 전문으로 하는 캠코더보다 화질 면에서 매우 선명하고도 독특한 결과물을 얻을 수 있기 때문이다. 개인방송에서도 고가의 캠코더 대신 VDSLR을 활용하는 추세다.

가장 큰 특징은 심도다. 기존 캠코더보다 심도가 얕은 영상을 획

득할 수 있어 특정 대상에 집중한 영상을 촬영할 수 있다. 이러한 기능으로 다양한 분야에 활용되며, 특히 야외촬영에서 활용도가 높다. VDSLR의 평균가는 100만 원 내외다. 렌즈를 탈장착할 수 있다. 즉, 렌즈를 교체해 화각 및 밝기를 원하는 대로 변화할 수 있다.

프로 캠코더

프로 캠코더는 말 그대로 '전문' 방송 직업군이 주로 사용한다. 렌즈 고정형으로 출시되는 경우가 대부분이지만 최근엔 렌즈교환식이 출시되고 있다. 화질 측면에서는 4K 이상 UHD를 지원하는 제품도 있다.

VDSLR은 용량 문제가 있어 촬영시간이 30분 내외로 제한적이지만 프로 캠코더는 장시간 촬영이 가능하다. 여기에 장면 자체를 느리거나 빠르게 찍는 특수촬영도 가능하다. 또한 내장마이크를 탑재하여 수음(受音) 결과가 좋다.

최근엔 렌털(rental) 업체를 통해 구입하는 대신 필요한 시간만큼 대여하는 방법으로 프로 캠코더를 활용할 수 있다.

스마트폰

스마트폰 촬영이 보편화된 요즘, 별도의 촬영 장비를 구입하는 것은 SNS 중계를 전문적으로 혹은 직업적 목적으로 접근하려는 사람 이외에는 다소 경제적 무리가 따른다. 지금은 최신 사양의 스마트폰도 다양한 기능을 갖춰 기존 카메라의 영역을 상당 부분 잠식했다.

스마트폰 고급 기종에는 촬영 대상이 이동하는 중에도 스마트폰

카메라의 방향을 촬영 대상 쪽으로 자동고정하는 트랙(track) 기능, 단순한 동작을 극적으로 연출할 수 있는 슬로모션 동영상 촬영기능, 시간의 흐름을 짧은 영상으로 압축해서 담아내는 모션 타임랩스(motion time-lapse) 기능 등이 탑재된다. 9장의 사진을 촬영하고 통합하여 놀랄 만한 사진을 연출하는 파노라마 기능도 있다.

　하지만 스마트폰의 가장 큰 장점은 촬영한 순간순간을 실시간으로 공유할 수 있는 라이브 스트리밍이다. 현장성과 기동성을 발휘해 유튜브나 페이스북을 통해 바로 중계하는 데에는 스마트폰 촬영이 가장 쉽다.

기타 특수 카메라

영상 콘텐츠를 활용한 SNS가 인기를 끌면서 다양한 영상이 필요해지자 액션캠과 핸디캠 등 이에 부응하는 여러 카메라가 등장했다. 이러한 특수장비로 동적 상황을 연출해 생동감 있는 화면을 찍을

그림 15-2 액션캠

출처: 녹차향기

수 있다. 또한 휴대성이 떨어지는 프로 캠코더나 VDSLR을 대신해 야외촬영에도 활용된다. 가격도 상대적으로 매우 저렴하고 화질도 결코 떨어지지 않는다. 부가기능으로 와이파이 연결, 방수, VR 촬영 등이 추가된 기종도 출시됐다.

이러한 특수장비의 출현으로 현장에서 매우 다양한 연출을 할 수 있으며 그 결과 새로운 영상 콘텐츠 제작이 가능해졌다.

짐벌

SNS에 올라온 고품질의 동영상은 스마트폰으로 촬영된 게 적지 않다. 스마트폰에 딸린 핸드 짐벌(*gimbals*) 덕이다. 짐벌은 스마트폰으로 흔들림 없는 고품질의 영상을 촬영하도록 돕는다. 짐벌이란 영상의 흔들림을 최소화하고 안정적인 영상 콘텐츠를 제작할 수 있도록 도와주는 액세서리다.

촬영에서 부유감(浮遊感)은 새로운 구도와 연출을 가능하게 하는데 짐벌은 핸드헬드 촬영으로는 불가능한 부유감을 선사한다. 핸드헬드 촬영만으로는 불가능한 역동적인 연출을 위해서는 짐벌을 사용해야 한다.

하지만 무겁고 커서 개인이 다수의 영상장비와 함께 항상 휴대하기에는 다소 부담스럽다. 원핸드 소형 짐벌은 이를 개선하여 휴대성이 뛰어난 개량 제품이다. 다만 이를 장착할 수 있는 카메라와 렌즈의 종류가 제한적이다. 이와 같은 단점을 다시 극복해 더욱 다양한 렌즈와 카메라에 장착해 촬영할 수 있는 것이 원핸드 짐벌 크레인이다. 본체가 분리되는 디자인으로 일반적인 카메라 가방에도 수납이 가능해 휴대성이 매우 뛰어나다. 기존의 투핸드 짐벌과 동일한 수준의 영상미를 얻을 수 있는 고성능 콤팩트 짐벌은 1인 미디어 시대를 더욱 공고히 해 주는 지원군이다.

엄지가 닿는 곳에 위치한 조작계는 상하좌우 조절레버, 사진촬영 릴리즈 버튼, 영상 셔터로 이루어진다. 촬영 중 본체가 심하게 흔들리거나, 촬영자가 뛰거나 높낮이 차이가 큰 곳으로 이동해도 영상이 흔들리지 않도록 제어하는 3축 짐벌 구동방식을 적용했다.

그림 15-3 짐벌

출처: OSMO

삼각대

5kg 이상의 무거운 비디오 삼각대는 1인미디어 창작자에는 부담스럽다. 사진과 영상 겸용의 하이브리드 경량 삼각대가 쓰기에 좋다. 시중에는 가벼운 카본 재질로 1.5kg 정도의 휴대성이 뛰어난 제품이 많이 나와 있다. 기존 삼각대와 많이 다르지 않고 볼컵과 같은 레벨링 시스템이 장착되어 있으므로 비디오 삼각대와 같이 손쉽게 수평을 조절할 수 있다. 즉, 하나의 삼각대로 사진과 영상을 촬영하면서 휴대성까지 겸비해 1인미디어 촬영에 적합한 삼각대라고 할 수 있다.

마이크

영상 촬영용 마이크의 종류는 크게 스테레오와 지향성으로 나눌 수 있다. 스테레오는 한 마이크 안에 두 개의 유닛이 내장되어 입체음을 녹취할 수 있다. 지향성은 특정 방향에서 들려오는 좁은 각도의 소리만 선택적으로 녹취할 수 있는 마이크다. 한 방향에서 나온 소리를 위해서라면 단일지향성 마이크가 좋다.

처음 마이크를 구입할 때는 모듈형식으로 되어 수음부를 교체해 스테레오와 지향성 둘 다 사용할 수 있는 것이 좋다. 작고 가벼우며 카메라를 연결하지 않아도 자체적으로 수음이 가능한 것이 야외활동이 많은 1인미디어에게 적합하다.

조명

실내 콘텐츠를 생산할 때 조명은 매우 중요하며 이는 1인미디어일수록 더욱 간과할 수 없다. 조명이 최고급일 필요는 없으나 배터리

그림 15-4 개인방송을 위한 1인용 마이크와 조명

출처: Aliexpress, 이베이

186

내장형 LED 소형 조명이 좋다. 기존 LED 조명이 야외 촬영 시 별도 배터리를 휴대해야 했던 반면, 이 내장형 LED 조명은 배터리 무게와 부피를 줄일 수 있어 휴대에 편리하다. 또한 0.3kg의 알루미늄 스탠드를 조명 거치대로 활용할 수 있다.

하지만 배터리 내장형은 배터리를 교체할 수 없어 장시간 사용할 수 없으므로 사전에 촬영을 완벽히 준비해야 한다. 콘티와 구상 등으로 현장에서 시간을 낭비하지 말아야 한다.

16장 ————〜〜〜———— SNS 개인방송 중계방법

유튜브에서는 동영상을 제작하고 업로드하는 창작자를 '크리에이터'(*creator*) 라고 칭한다. 1인방송 제작자에게 크리에이터라는 별칭을 쓰는 것은 단순히 동영상 창작뿐만 아니라 자신의 콘텐츠를 중심으로 커뮤니티를 만들어 가는 '창조자' 역할을 강조하기 때문이다.

국내 아프리카TV에서는 방송을 하는 창작자를 'BJ'(Broadcasting Jockey) 라고 일컫는다. 게임 전문 MCN '콩두 컴퍼니'(Kongdoo Company) 는 내부적으로 1인창작자를 '크루'(*crew*) 라고 명명한다. 또 다른 국내 MCN '쉐어하우스'(Sharehows) 는 크리에이터 대신 '하우스메이트'(*housemate*) 라는 이름을 사용한다. 이렇게 다양한 지칭이 있지만 일반적으로 가장 많이 통용되는 1인창작자 명칭은 '크리에이터'다.

유명 크리에이터의 충성파 고객은 유튜브와 같은 동영상 플랫폼에서 자기가 좋아하는 크리에이터의 콘텐츠를 '구독'(*subscription*) 하는 형태로 소비한다. 콘텐츠를 유통하는 플랫폼은 특정 크리에이터의 새로운 콘텐츠가 업로드될 때마다 사용자에게 이를 알려준다.

그림 16-1 크리에이터? BJ?

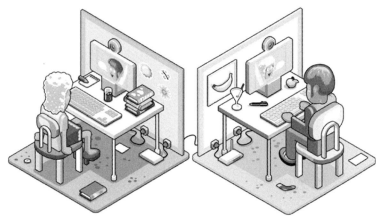

개인방송 창작자를 크리에이터, BJ, 크루, 하우스메이트 등의 다양한 방식으로 부른다.

출처: 한수원블로그

크리에이터가 만든 콘텐츠를 많은 사람이 구독·시청하면서 콘텐츠 가치가 상승하고 수익이 발생하면, 크리에이터는 어엿한 하나의 '프로'가 된다. 인기 크리에이터는 이미 영향력 있는 '셀러브리티'(*celebrity*) 다. 이런 크리에이터가 되기 위한 SNS 개인방송 중계 방법을 알아보자.

기획

성공한 방송과 그렇지 못한 방송이 차이 나는 원인으로 기획과 구성, 진행자의 역량 등 여러 요인이 있겠으나 기획과 구성이 탄탄할수록 실패확률이 떨어진다.

기획은 어떤 방송을 어떻게 만드느냐를 고민하는 과정을 포함한
다. 일반적으로 다음과 같다. 목표와 목적 설정하기-주제와 카테
고리 선택하기-타깃 설정하기-콘셉트와 테마 정하기-캐릭터 선택
하기-콘텐츠 제작하기 등의 순서다.

팀으로 영상을 제작한다면 모두가 공감할 수 있는 콘텐츠의 지향
성과 각자의 이해관계에서 발생할 수 있는 갈등에 대한 조정능력도
필요하다. 개인 미디어의 경우, 목적과 동기에 따른 기획과 구성이
제작 전에 미리 짜여 있는 게 좋다. 좋은 기획을 할 수 있는 요건으
로는 다음 네 가지를 들 수 있다.

진정성

광고나 정치·선거 캠페인 동영상에는 화면을 통한 대화 방식이 자
주 등장한다. 강력한 메시지 전달효과가 있기 때문이다. 즉, 말하
는 이의 '진정성'을 느끼게 하고 상대방의 의견을 잘 듣고 있다는 확
신을 줌으로써 공감대를 형성하고 지지를 얻게 된다. 이와 같이
SNS 동영상은 보는 이에게 '진정성'을 느끼게 하여 계속 시청하게
만든다는 연구가 있다.

SNS상의 개인방송 운영에서 진정성은 많은 시청자의 동감을 사
는 데 매우 중요한 요소인데 창작자가 직접 출연해 자기 이야기를
직접 말하는 것이 여기서 말하는 '진정성'이다. 최고의 방법은 스토
리를 보고 있는 시청자와 직접 이야기를 나누는 것이며 동영상 대
면대화 방식으로 가능하다. 텍스트와 글로 천천히 길게 설명하는

것보다 서로 직접 대면하여 얘기를 듣는 게 훨씬 빠르고 분명하다.

독창성

독창성이란 독특하며 창의적이라는 2가지 측면을 모두 갖춘 상태를 말한다. 독창성 있는 기획이란 기존의 관습에 머무르지 않고 이외의 영역을 창의적으로 발견하는 기획을 의미한다.

　유튜브를 비롯한 수많은 영상 플랫폼에는 수많은 영상이 존재한다. 이들과 같아서는 사람들의 눈길을 끌 수 없다. 파격적 실험보다는 쉬우면서도 창의적인 장르를 기획하는 것이 좋다.

흥미

영상을 통해 어떤 흥미를 유발하여 결과적으로 즐겁게 해주느냐에 관한 요건이다. 일단 자신부터 무엇에 흥미와 재미를 느끼는지 자문할 필요가 있다. 나아가 다른 많은 사람에게도 어떤 것이 그럴지 고민해야 한다. 여기서 중요한 것은 '정보'와 '정서'에 대한 구별이다. 정보의 제공으로 유발할 수 있는 흥미는 정서의 그것과는 다르다. 양자의 적당한 절충은 오히려 흥미를 반감할 수 있다. 즉, 어떤 것을 어떻게 전달할지가 흥미의 요건을 결정짓는 단서가 될 수 있다.

공감

공감은 최종적인 요건이 된다. 사실, 앞선 3가지는 공감을 위한 사전 요건에 불과하다. 공감이야말로 개인방송의 최종적 목표다. 시청자는 관점과 가치관 등이 다르기 때문에 이를 묶을 수 있는 공감 요소가 중요하다. 시청자가 정보와 정서에 공감하기 위해서는 캐릭터 설정과 효과적인 스토리 전개 그리고 일관성 있는 주제가 뒷받침되어야 한다.

촬영

사전점검

촬영 전에는 먼저 메모리카드, 배터리 등 기본적인 카메라 상태를 점검한다. 그런 다음 삼각대와 결합한 후 수평계를 맞춘다. 앵글과 피사체 크기 등 구도를 잡고 피사체에 초점을 맞추고 노출과 화이트밸런스[1]를 확인한다.

다음은 사운드인데 이어폰을 통해 진행자의 목소리가 채널 1(CH 1)에 정확히 녹음되고 있는지 확인한다. 채널 1은 주로 대사나 내

---

1 촬영현장에서 조명색이 미치는 영향을 보정하여 흰색을 기준으로 프레임 내의 색상을 원래의 색상으로 촬영하는 기능.

레이션 등 음성을 녹음하고 채널 2에는 현장 주변음을 녹음한다. 이렇게 구분하지 않으면 사운드를 편집할 때 혼선이 올 수 있다.

길이

동영상을 통해 던지는 메시지는 짧고 정확해야 한다. 그러므로 대면대화 동영상을 제작할 때는 먼저 동영상 길이가 길지 않도록 주의해야 한다. SNS에서 운용하는 동영상의 길이는 2분을 넘지 않는 것이 좋다. 특히, 유튜브에서 주목받는 동영상은 20~30초 사이의 러닝타임을 갖는다는 점에 주목해야 한다. SNS 사용자는 단문 텍스트에 익숙하며 동영상 역시 짧은 것을 선호한다. 말이 길어지면 오히려 진정성이 떨어진다. 동영상 대면대화는 짧을수록 좋다.

대본

방송의 길이와 횟수 등이 정해지면 대본과 가이드 큐시트 등이 필요하다. 이는 연출에 필수적인 보조도구이며 편집할 때도 길잡이가 된다.

대본을 미리 만들어 두면 짧고 정확한 메시지를 촬영하는 데 큰 도움이 된다. 대본뿐만이 아니라 촬영 전 연습도 큰 도움을 준다. 1분 내의 길이에 메시지를 함축적으로 담고 이 메시지가 진정성을 담아 전달되도록 반복해서 연습하면 촬영할 때 훨씬 자연스러우며 시간도 낭비하지 않을 수 있다. 긴장된 어투보다 자연스럽고 진심 어린 말투로 메시지가 전달되도록 충분한 사전연습이 필요하다.

또 메시지의 성격에 따라 말투를 적당하게 바꾸고 필요한 분위기에 맞춰 최대한 자연스럽고 자신 있게 말하도록 연습해야 한다.

소품

인기 창작자의 작품을 유튜브에서 보다 보면 재미있는 소품이 등장하는 경우가 종종 있다. 동영상이 좀 길거나 강조해야 할 대목이 있을 때 내용에 적절하고 분위기를 띄울 수 있는 소품을 쓴다면 전달력이 강해진다. 지루함을 줄여주기도 하고 내용 이해도 돕는다. 소품으로 유명해지는 경우도 가끔 있다. 방송의 종류(먹방, 톡방, 겜

그림 16-2 개인방송과 소품

유튜브 쿡방 중 하니인 '입짧은 햇님'의 개인방송. 쿡방은 소품 준비가 중요하다.   출처: 유튜브

방, 쿡방 등)에 따라 다양한 소품을 준비하는 것 역시 방송의 중요한 한 부분을 차지한다.

시선

본인이 직접 출연하는 영상에 익숙하지 않으면 카메라를 직시하지 못하고 시선을 피하는 경우가 있다. 그러나 카메라가 곧 대화하는 상대방임을 알아야 한다. 대면대화 동영상에 등장하는 인물은 시선을 카메라에 고정해 똑바로 바라보면서 시청자와 눈을 맞춰야 한다. 말을 하는 동안에도 시선은 고정해야 한다.

얼굴을 줌인하면 더욱 자신감 있어 보이므로 표정연습도 해 두면 좋다. 줌인할 경우에는 목소리에 더욱 힘을 싣고 시청자에게 적극적으로 다가간다는 생각을 유지하면서 시청자와 시선을 자신 있게 마주친다. 같은 톤의 목소리로 말해도 얼굴을 클로즈업한 화면에서는 목소리가 더 크게 들리는 듯한 효과가 있다. 공개질의 등에서 질의하는 사람의 얼굴만 클로즈업되는 화면을 본 적이 있을 것이다.

생중계의 경우 상호 커뮤니케이션이 실시간으로 이뤄지므로 진행자의 능력이 필요하다. 이는 방송의 성패로 직결되기도 한다.

주의사항

라이브 방송은 기본적으로 웹캠 및 스튜디오를 활용해 플랫폼 내에서 활동하는 방송이다. 라이브는 생방송의 영역이므로 편집과 같은 사후 안전장치가 없다. 따라서 라이브 진행 시 발언이나 표정, 표현 등에 주의해야 한다. 욕설이나 선정성, 폭력성 등의 문제에 휩쓸리지 않도록 콘텐츠에 대한 자정적 노력이 필요하다.

편집

편집 프로그램은 매우 편리한 기능이 가득하다. 편집은 강력한 효과를 발휘하기도 하지만 동시에 잘못 사용하면 스토리 전체가 뒤죽박죽되기도 한다. 스토리텔링 속에서 동영상을 정확한 방법으로 활용하고 편집을 올바르게 이해해야 효과적인 스토리텔링을 할 수 있다.

동영상 편집은 일반적인 생각보다 훨씬 간단하다. 영상을 처음 접할 때는 사진을 찍고 업로드하는 것이 굉장히 까다로워 보이고 전문가의 영역인 것 같았지만 지금은 온라인 쇼핑의 구매자도 다 하는 정도의 '글쓰기'로 인식된다. 이제는 동영상 편집도 누구나 손쉽게 할 수 있는 때가 되었다.

편집은 사전 기획된 내용과 구성에 따라 진행한다. 연출에 따라 흐름과 방향이 달라질 수 있으므로 같은 재료를 가지고도 더욱 재미있고 스토리가 풍부하게끔 편집한다. 개인방송은 연출자가 곧 편집자가 되는데, 자신의 의도와 기획을 제대로 표현하기 위해서는 편집을 직접 하는 것이 올바르다. 그러기 위해서는 기술적 습득이 우선이다.

편집의 기본개념

사진 편집은 쉽게 해도 동영상 손질은 왠지 훨씬 어렵게 여겨진다. 단지 그 과정에 익숙하지 않고 작업에 쓰이는 개념이 낯설기 때문이다. '한컴오피스 한글' 프로그램에서 저장하기, 잘라내기, 복사하기, 붙이기, 찾기, 바꾸기 등의 기능은 처음에는 생소하지만 쓰다 보면 어린아이도 할 수 있다. 영상 편집도 마찬가지다.

영상을 편집 프로그램으로 불러와(import) 필요 없는 부분을 잘라내고(cut) 이어 붙인(edit) 다음, 출력(export) 하는 방식이 가장 기초적인 과정이다. 예전에는 동영상 편집 소프트웨어가 전문가의 값비싼 전유물이던 때가 있었다. 지금은 무료로 쓸 수 있는 툴이 많고 방법도 아주 쉽다. 심지어 유튜브는 이용자가 동영상을 아주 손쉽게 편집할 수 있는 강력한 툴을 내장해 놓았다. 먼저, 동영상 편집에 쓰이는 다음 개념과 친숙해지자.

프로젝트

동영상 편집의 가장 기본 단위는 '프로젝트'다. 워드 프로세서에서는 하나의 문서를 파일 단위로 저장하는 반면, 동영상 편집에서는 프로젝트라는 개념을 사용한다. 하나의 동영상을 구성하는 프로젝트 안에 영상파일, 사운드트랙, 스틸사진 등이 모두 포함된다. 한 프로젝트 안에 여러 형태의 파일이 들어있는 셈이다.

다시 말해, 하나의 동영상을 편집하기 위한 여러 가지 파일의 통합개념이 프로젝트가 된다. 이 개별 파일의 길이를 자르고 위치를 바꾸는 등 편집작업(*touch up*)을 한 뒤에 변경된 상태를 프로젝트라는 단위로 저장하는 것이다. 이렇게 편집을 마친 뒤 최종 저장된 프로젝트를 원하는 동영상 포맷으로 생성하면 새로운 동영상 파일이 만들어진다. 이 과정을 '렌더링'(*rendering*)이라고 부른다.

트랙

오리지널 사운드 트랙(OST: Original Sound Track)이란 흔히 영화에 나오는 배경음악을 이른다. 실제로 아날로그 필름에는 영화장면이 낱장으로 연결되어 있고 그 옆엔 음악이 녹음된 가느다란 선이 붙어 있다. 그 선이 바로 사운드 트랙이다.

동영상 편집의 트랙 역시 이와 비슷하며 편집 시 이 개념을 인지하는 것이 중요하다. 모든 동영상 편집 소프트웨어에는 텍스트 트랙, 오디오 트랙, 비디오 트랙 등이 있고 영상, 소리, 사진, 텍스트 등이 동시에 흐르는 복층구조로 되어 있다. 요컨대 하나의 프로젝트 안에 영상, 음성, 자막 등 여러 트랙이 동시에 흘러가는 것이다.

텍스트 트랙은 '텍스트'라는 단어가 암시하듯 동영상 화면에 나타나는 자막을 표시한다. 오디오 트랙은 사운드 트랙처럼 파동으로 표시된다. 파동이 높은 곳은 큰 소리가 나는 부분이고 낮은 곳은 작은 소리가 나는 부분이다. 비디오 트랙은 낱장의 프레임이 줄줄이 연결된 부분에 해당한다.

프레임

동영상과 영화에서 한 컷 한 컷의 사진을 '프레임'이라 부른다. 이 프레임이 빠른 속도로 흘러가면서 영상으로 보이는 것이다. 일정 시간에 프레임 개수가 많을수록 동영상은 더욱 정교하고 매끄럽게 흐른다. 동영상을 자를 때, 화면을 프레임 단위로 정확히 확인하면 정교한 편집이 가능하다. 편집 프로그램에서 동영상이 정지된 상태에서 화살촉 모양의 삼각형 버튼을 클릭하면 프레임을 하나씩 볼 수 있다.

슬라이더

겹쳐 있는 비디오 트랙과 사운드 트랙을 세로로 지나가는 선의 위쪽 끝에는 삼각형 손잡이가 달려있다. 트랙 위에서 좌우로 움직이면서 동영상 재현시간에 따라 재생 위치를 표시하면서 이동하므로 '슬라이더'라는 이름이 붙었다. 트랙을 잘라내는 위치를 정할 때 활용할 수 있다.

마커

동영상을 편집할 때 시작점과 끝점을 지정해 주는 표시를 '마커' (marker)라고 한다. 보통 영상 편집프로그램에서는 쐐기 모양이다. 정확한 시작점까지 쐐기를 이동한 뒤 동영상 끝나는 지점에 다른 쐐기를 이동시킨다. 그러고는 삽입하기를 클릭하면 두 쐐기 사이에 있는 동영상 부분이 잘려 비디오 트랙으로 옮겨간다.

유튜브 동영상 편집기능 따라잡기

유튜브는 무료 동영상 편집기인 '비디오 에디터'를 제공해왔으나 2017년 9월 20일부터 더 이상 사용할 수 없게 됐다. 하지만 9월 20일 이전에 동영상 편집기로 게시한 동영상은 영향을 받지 않는다. 아울러 다음과 같은 기능을 사용해 계속하여 동영상을 수정할 수 있다.

또한 유튜브는 제작자 센터 페이지(www.youtube.com/yt/creators/ko)를 운영하며 각종 영상편집 프로그램 관련 정보를 쉽게 가르쳐 주는 영상도 많다.

클립 추가

유튜브에서 720P로 동영상을 다운로드하거나 '구글 테이크 아웃'을 이용해 원본 파일을 가져오면 필요한 경우 새로운 동영상에 클립을 추가할 수 있다. 또한 저작권 보호를 받는 동영상의 경우라도 업로더에게 비공개 메시지를 보내 원본 동영상의 공유를 요청할 수 있다.

클립 자르기

동영상 관리자의 동영상 수정을 사용해 영상의 일부를 자를 수 있다. 이때 동영상을 다시 업로드할 필요는 없다. 즉, 동영상 웹 주소, 조회 수, 댓글은 그대로 유지하면서 업로드된 동영상을 수정할 수 있다. 동영상 수정하는 단계는 다음과 같다.

먼저 채널의 동영상 관리자로 이동한다. 오른쪽 상단의 내 계정 중 제작자 스튜디오를 클릭한 후 왼쪽 메뉴의 동영상 관리자를 클릭하면 페이지로 이동할 수 있다.

    수정할 동영상에서 수정을 누르고 동영상 수정을 클릭한다. 아래에 나와 있는 컴퓨터에서 제공되는 기능을 사용해 동영상을 변경한다. 마지막으로는 저장을 클릭한다. 동영상을 수정하여 새 동영상으로 만들고 원본 동영상은 변경되지 않은 상태로 유지하려면 새 동영상으로 저장한다.

효과 추가

동영상 관리자의 동영상 수정으로 컴퓨터 또는 모바일 기기를 사용해 효과를 추가할 수 있다. 제공되는 동영상 수정 기능 중 일부를 소개하면 다음과 같다.

    '명암 및 색상 자동보정'은 클릭 한 번으로 동영상의 명암과 색상을 수정하는 기능이다. 빠른 수정 탭에서 자동보정을 클릭해 사용한다. 자동보정 버튼 아래의 슬라이더를 사용하여 보조광, 대비, 채도, 색온도를 직접 수정할 수도 있다. '카메라 손떨림 보정'은 카메라가 흔들린 부분을 보정하는 기능이다.

    '슬로 모션 적용'은 동영상 재생 속도를 느리게 변경한다. 2배, 4배, 8배 속도 중 선택할 수 있다. 반대로 '타임랩스'는 동영상 재생 속도를 정상 속도보다 빠르게 재생해 보여주는 영상기법이다.

    '보기 회전'은 동영상을 오른쪽이나 왼쪽으로 회전하는 기능이다. '필터 적용'으로는 동영상의 색상 필터를 선택할 수 있다.

    동영상에서 움직이는 개체나 사람을 흐리게 처리하려면 흐리게 처리 효과 탭에서 '직접 흐리게 처리'를 클릭한다. 흐리게 처리할 영역을 클릭하여 상자를 드래그하면 상자의 움직임에 따라 자동으로 개체가 흐리게 처리된다. '얼굴 흐리게 처리'를 선택하면 도구에서 감지한 얼굴마다 미리보기 이미지가 표시된다. 흐리게 처리하고 싶은 얼굴의 미리보기 이미지를 클릭해 흐리게 처리할 수 있다.

또한 빠른 수정 탭에서 자르기를 클릭해 동영상의 시작 부분이나 끝 부분 등 일부를 자를 수 있다.

음악 추가

유튜브 오디오 라이브러리는 무료음악 및 음향효과를 제공한다. 이를 받아 동영상에 사용할 수 있다.

제작자 스튜디오 메뉴 중 만들기에서 '오디오 라이브러리'로 이동한다. 그리고 페이지 상단의 탭 중에서 '무료음악' 또는 '음향효과'를 선택한다. 음악 옆에 있는 막대 표시로 트랙의 인기도를 알 수 있다. 원하는 트랙을 찾으면 화살표를 클릭해 다운로드한다. 별표를 선택해 트랙을 즐겨찾기에 추가하면 추후 쉽게 접근할 수 있다.

기타 기능

이 외에 유튜브에서 제공하는 기능은 다음과 같다.

유튜브 동영상에 오디오 트랙을 추가할 수 있다. 먼저 동영상 관리자 페이지로 이동하고 수정할 동영상의 수정을 클릭한다. 등장하는 메뉴 중 오디오 버튼을 클릭한다. 트랙을 클릭하여 선택하고 오디오 트랙이 추가된 상태의 동영상을 미리 볼 수 있다. 혹은 검색창에서 트랙을 검색하거나 추천 트랙 탭을 사용하여 장르를 탐색할 수 있다. 원하는 트랙을 찾으면 저장 버튼을 클릭한다. 새 오디오가 동영상에 적용된다. 오디오 지정 기능을 사용하면 동영상의 원하는 지점에 오디오 트랙을 정확하게 배치할 수 있다.

또한 동영상의 설정을 변경할 수 있다. 우선 구글 계정에 로그인한 후 크리에이터 스튜디오를 클릭한다. 왼쪽의 '동영상 관리자' 아래에서 동영상을 클릭한다. 업로드한 동영상 목록 중 페이지 왼쪽의 확인란을 사용해 수정할 동영상을 선택하고 페이지 상단의 작업을 클릭해 추가 작업으로 이동한다. 목록에서 설정을 선택하고 변경할 수 있다. 설명, 태그, 제목 등의 텍스트를 추가 및 삭제하거나 교체할 수 있다. 여러 가지를 변경하려면 작업 추가를 클릭하고 목록에서 다른 설정을 선택한다. 작업이 완료되면 제출을 클릭한다.

또한 휴대기기와 데스크톱에서 표시되는 효과적인 최종화면을 동영상에 추가하여 시청률을 높일 수 있다. 최종화면이란 동영상에서 마지막 5~20초 동안 표시되는 부분이다. 동영상 마지막의 최종화면은 '시청자에게 유튜브의 다른 동영상, 재생목록 또는 채널 안내', '채널 구독 요청', '웹사이트, 상품 및 크라우드 펀딩 캠페인 홍보' 등의 역할을 한다. 최대 4개의 요소를 추가하여 콘텐츠, 채널 및 웹사이트를 홍보할 수 있다. 데스크톱에서는 마우스를 가져갈 때, 휴대기기에서는 탭할 때 요소를 확장하여 추가 정보를 표시할 수 있다.

어도비 프리미어 프로

'어도비 프리미어 프로'는 어도비(Adobe)에서 출시한 동영상 편집 프로그램이다. 윈도(Window)와 맥(Mac) 공용이며 가장 상용화되어 있다. 대중적이고 기초적인 편집 프로그램에 속하지만 다양한 기능으로 초보자와 전문가 모두 활용도가 높다. 다른 편집 프로그램과 큰 차이는 없으나 '애프터 이펙터'라는 특수영상제작 프로그램과 호환이 간단하다는 장점이 있다.

'파이널 컷 프로'의 경우 별도의 출력과정을 거쳐야 파일을 불러들일 수 있다. 어도비 프리미어 프로에서는 사운드 편집도 가능하다. 특히, 색 보정은 다른 프로그램과 차별화된 기능을 보유한다. 같은 회사 사진 편집 프로그램인 '포토샵'의 기능을 가져왔기 때문이다.

파이널 컷 프로

파이널 컷은 맥에서만 구동되는 동영상 편집 프로그램이다. 맥 사용자에게는 브랜드 충성도로 인기가 높다. 사용자는 자동필터나 간단한 모션을 편리하게 사용할 수 있다. 또한 카메라가 지원하는 파

그림 16-3 프리미어 프로와 파이널 컷 프로 그리고 윈도 무비메이커

일저장 형식에 따른 변환과정이 필요 없다. 자동저장방식이 있어 프로그램 오류로 인한 예기치 못한 종료나 구동이 정지됐을 경우에도 작업파일이 온전히 보존된다. 다만 고사양의 맥 컴퓨터가 필요하고 '애프터 이펙트'(*after effect*) 호환에는 별도의 렌더링 과정이 필요하다는 점이 단점이다.

윈도 무비메이커

윈도에서 자사 컴퓨터 구매자에게 무료로 배포하는 동영상 편집 프로그램이다. 초보자에게 알맞게 가장 사용하기 쉬우며 단순한 인터페이스 디자인이 특징이다. 간단한 화면전환(*transition*), 영상효과 등의 기능을 영상에 적용할 수 있으며 누구나 무료로 다운받아 사용할 수 있다. 하지만 세부적이거나 전문적인 편집을 하기에는 한계가 있으며 오디오 편집에도 난관이 따른다.

오디오 편집 프로그램

오디오 편집은 어도비 프리미어 프로 정도의 프로그램으로 가능하지만 전문 오디오 편집 프로그램으로 하는 편이 낫다. 또한 가상악기시스템(VST: Virtual Studio Technology)을 통해 다양한 효과를 가미할 수 있어 전문성과 완성도를 높일 수 있다.

기본적인 방식은 영상과 차이가 없다. 자르고 붙이는 등의 기본 과정과 음향효과, 이퀄라이저 조정 등의 부가적인 기능이 있다.

업로드

편집이 끝나면 '게시' 버튼을 클릭해 제작된 영상 콘텐츠를 업로드한다. 동영상의 길이에 따라 업로드하는 데 걸리는 시간이 달라진다. 유튜브와 페이스북 등에 로그인하고 영상파일을 직접 올리는 등 플랫폼에 직접 게재하는 방식으로 업로드할 수 있다. 혹은 블로그에 게재하는 방식처럼 플랫폼에 이미 게재된 영상을 코드로 전파하는 방식도 있다. 유튜브와 페이스북 등 글로벌 플랫폼을 제외하고는 업로드 파일 용량에 제한이 있으므로 제작영상의 용량을 사전에 점검해야 한다.

업로드된 영상 콘텐츠는 유튜브, 페이스북, 판도라TV 등 개방형 플랫폼이나 계약을 바탕으로 이뤄지는 네이버 V 라이브, 카카오TV와 같은 폐쇄형 플랫폼을 통해 유통된다.

동영상을 업로드할 경우 다음을 유념해야 한다.

제목을 작성하라

가끔 제목을 잊어버리고 동영상을 업로드하는 경우가 있는데 나중에 검색할 때 애를 먹을 수 있다. 동영상 제목은 유튜브에서 동영상을 검색할 때 가장 큰 역할을 맡으며 동영상 내용을 함축적으로 보여주므로 제목에 따라 클릭 및 노출 수가 증가할 수 있다. 따라서 한 줄의 효과적인 제목을 잘 정하여 쓰도록 신경 써야 한다.

제목이 아니라도 동영상을 입력하는 항목에 설명을 잘 쓰면 훌륭

한 스토리를 구성하여 사람들의 흥미를 끌 수 있다. 그러므로 설명란에는 동영상 스토리 중 가장 흥미 있는 중요대목을 입력하는 것이 좋다.

분류하고 태그를 입력하라

제목과 설명 외에 태그 및 분류도 함께 설정한다. 다양하고 구체적인 검색과 관련 동영상과의 연계를 최대화하기 위한 것이다. 그럼으로써 어떤 동영상이든 검색하는 사람에게 알맞은 내용이 잘 노출될 수 있다.

창작자가 여기기에 내용상 가장 핵심적인 키워드를 태그로 입력한다. 핵심주제는 물론 등장인물의 이름이나 관련 장소를 포함하는 것도 좋다. 태그는 해당 동영상 장르에 맞게 설정하되 개수는 보통 동영상마다 3~4개이다. 이와 같이 제목, 설명, 태그, 분류를 정확히 입력할수록 동영상이 제대로 검색된다. 이에 따라 자연히 많은 유튜브 사용자에게 내가 올린 동영상이 노출될 가능성이 커진다.

반복하라

메시지를 꼭 전달하고 싶은 상대방이 있다면 그 상대방의 트위터 계정에 맨션을 보내거나 페이스북 페이지에 타깃 포스팅을 할 수 있다. 다만 짧은 메시지 한 번으로 효과를 내기는 힘들다. 몇 차례 반복하여 영상을 노출해야 한다. 또한 같은 동영상이 아니라 같은 메시지를 담은 여러 편의 다른 동영상을 지속해서 내보내야 한다.

한 유명 크리에이터는 "실력이나 콘텐츠 내용보다 중요한 게 꾸준함이다. 완벽히 지키지는 못했지만 일주일에 최소 3회, 3시간씩 같은 시간에 꾸준히 방송했더니 내 방송을 보는 사람이 100명 단위는 넘었다"라고 말했다.

평가하라

콘텐츠 업로드가 끝난 다음 일주일 안에 평가가 내려진다. 조회 수, 댓글, 접속경로 등의 분석을 통해 해당 콘텐츠의 품평이 이뤄진다. 이런 분석을 바탕으로 향후 제작의 방향성을 재조정한다. 여기서 가장 중요한 평가지표는 조회 수이므로 이를 높이기 위한 사전 마케팅도 매우 중요하다.

즐겨라

처음 SNS 중계와 개인방송에 대한 큰 기대는 오히려 실망으로 이어질 수 있다. 실시간 방송을 처음 시작한 크리에이터 중에는 중도 포기자가 상당수에 이른다. 아프리카TV나 트위치에 가면 시청자가 10명도 안 되는 방송을 어렵지 않게 볼 수 있다.

자기가 좋아하는 분야로 시작해야 꾸준히 할 수 있고 방송을 꾸준히 해야 입소문을 타고 시청자가 생기는 선순환 구조를 만들 수 있다. 처음부터 시청자와 많은 소통을 나누고 후원금을 받을 수 있

그림 16-4 '초간단 방송하기'

아프리카TV는 '초간단 방송하기'라는 방송 가이드 제공을 통해 가입과 방송을 독려한다.

출처: 아프리카TV

을 거라 기대하면 오히려 낭패를 볼 수 있다.

유명 크리에이터들은 "직장을 그만두는 것보다 처음에는 퇴근 후 취미생활 즐기듯 방송하는 게 좋다"라고 조언했다.

한편, 방송 진행에 서투른 BJ를 위해 아프리카TV는 '초간단 방송하기'(www. afreeca. com/tutorial/tutorial_new. html)라는 동영상 가이드를 만들었다. 방송 제목과 짧은 내용을 입력하고 비디오와 사운드카드 장치를 선택한 뒤, 라이브 캠으로 방송이 제대로 되는지 사전에 확인하고 방송방법을 익힐 수 있게 만든 가이드다. 상황별 스튜디오 기능 사용법을 익히기도 하며 방송 노하우를 공유하거나 유명 BJ의 요령도 엿볼 수도 있다.

17장 ──╱╲╱╲╱── SNS중계의 사회적 기능과 문제점

순기능

쌍방향성

공무원 이모(여·30) 씨는 지난달부터 다니던 헬스클럽을 그만뒀다. 지금은 인스타그램 라이브 방송을 보며 집에서 따라 하는 '홈트'(홈 트레이닝)에 빠져 있다. 이씨는 팔로워(구독자)가 30만 명이 넘는 미국 거주 한국인 주부의 인스타그램 라이브 방송을 보며 운동을 따라 한다. 방송 도중 채팅 창을 이용해 질문을 올리면 실시간으로 답변을 받을 수도 있고 다른 시청자가 남기는 운동정보 피드백도 얻을 수 있다.

이씨는 "헬스 방송 외에도 치과의사가 진행하는 치아관리 방송이나 뷰티 메이크업 방송을 종종 본다"며 "소셜미디어 유명인의 실시간 방송을 보면서 정보를 얻을 수 있어 유용하다"고 말했다.

이처럼 SNS 중계는 시청자 참여가 가능하기 때문에 기존 미디어의 일방향성과는 다른 쌍방향성 기능을 가지고 있다.

뉴스 기록성

페이스북·인스타그램 등 소셜미디어 라이브 방송 서비스를 통해 누구나 스마트폰만 있으면 언제 어디서든 자신만의 방송을 진행할 수 있다. 일반인의 일상뿐 아니라 방송 카메라가 잡기 어려운 현장도 소셜미디어를 통해 생중계된다.

2017년 5월 31일 노회찬 정의당 원내대표는 국회 본회의장에서 1분 25초 동안 페이스북 라이브 방송을 진행했다. 이낙연 당시 국무총리 후보자 국회 본회의 표결을 앞두고 조원진 새누리당 의원이 여당 의원들을 향해 '날치기'라고 소리를 지르는 모습이 그대로 생중계됐다. 노 의원은 "국회 난동의 역사적 기록으로 보존 가치가 있어 촬영했다"고 말했다. 이 영상은 노 의원 페이스북에서만 17만 회 이상 재생됐고 3천 개가 넘는 댓글이 달렸다.

TV의 대체물, 라이브

페이스북은 유명인만 사용할 수 있었던 라이브 방송 서비스를 2016년 4월 모든 사용자에게 확대해 실시했다. 페이스북 최고경영자인 마크 저커버그는 "페이스북 라이브는 사람들이 각자 주머니에 TV 카메라를 갖고 다니는 것과 마찬가지"라고 말했다.

페이스북 라이브 사용자 수는 2016년 9월 기준 같은 해 5월보다 4배나 증가했다. 페이스북은 "실시간 라이브 동영상 시청시간이 지나간 동영상 시청시간보다 3배가량 길 만큼 라이브 방송 인기가 높다"라고 말했다. 2014년 3분기 약 1천4백만 명이었던 페이스북 국내 월간 실제 사용자 수는 현재 1천8백만 명을 넘었다.

이 같은 양적 팽창은 우선 TV 대체물로서 개인 라이브 방송의 정착을 의미한다. 이는 미디어의 다변화와 소핵화를 상징하며 실시간 소셜 네트워크와 정보제공 가능이라는 순기능적 역할도 수행한다.

역기능

사례

한 종편TV는 2016년 서울 도심시위를 LTE 백팩을 이용해 중계했다. 이 TV는 시위대가 경찰버스를 흔들고 물대포가 반격하는 '전쟁터'를 4시간 생방송으로 중계했다. 시민들은 적나라한 현장뉴스에 경악했다. 밧줄에 묶여 끌려가는 경찰버스와 유리창을 박살 내며 난무하는 쇠파이프와 섬뜩한 구호가 적힌 복면의 시위대 모습이 그대로 방영됐다. 이런 시위가 예전에도 있었으나 시민들은 그 실상을 잘 몰랐다.

기존 공중파 방송뉴스의 공식은 1분 30초짜리 리포트다. 이들은 시위대와 경찰의 영상을 같은 분량으로 내보낸다. 이렇다 보니 기

그림 17-1 백팩의 역기능

백팩으로 생중계된 무삭제·무편집 방송은 현장상황을 여과 없이 실시간으로 전하는 영상의 역기능을 나타낸다. 이는 방송 가이드라인에 서촉될 수 있다.　　　　　　　　　　　　　출처: TV조선

계적 균형, 양비론(兩非論) 편집이란 비판을 듣는다. 이런 환경에서 종편TV가 방송 가이드라인에 저촉될 수 있는 4시간 무삭제·무편집 생방송을 여과 없이 내보내자 "TV 보다가 충격받았다", "이건 정말 아니다" 등 시청자의 폭력시위 비판여론이 폭발했다. 현장을 실시간으로 중계한 카메라 4대의 위력이었다.

MCN 콘텐츠는 그 특성상 선정성과 폭력성을 가질 수 있다. 1인 미디어 활성화와 소통을 위한 도구가 오히려 악용되는 사례다. 극단적으로 자극적인 영상이 유통되거나 페이스북 라이브를 통해 범죄 현장이 생중계되는 일이 벌어지고 있다.

미국 테네시주 30대 남성이 기름을 뒤집어쓰고 분신자살을 기도하는 장면이 소셜미디어 페이스북에 생중계된 적이 있다. 자레드 맥레모어라는 남성이 자신의 전 여자친구가 일하던 바(bar) 건너편

그림 17-2 SNS 중계의 역기능

페이스북 생중계로 퍼진 분신자살을 기도하는 장면.
출처: WREG-TV

주차장 바닥에 앉아 등유를 뒤집어쓰는 장면을 페이스북으로 생중계했다. 2016년 8월 여자친구를 교살하려 한 혐의로 체포되었던 이 남성은 이후 정신감정을 받도록 하고 보석으로 풀려난 상태였다.

한편 태국에서는 한 남성이 살인을 저지르는 현장을 그대로 생중계했다. 그리고 잠시 후, 살인이 벌어지는 모습을 담은 녹화영상 2개를 해당 계정에 올렸다. 여과 없는 끔찍한 영상임에도 유튜브와 SNS에 빠르게 공유되기 시작했다. 현지 경찰의 요청으로 페이스북이 이 영상을 지우기까지 만 하루가 걸렸다. 2015년 12월에는 12세 소녀가 자살하는 모습이 생중계됐고 이후 해당 영상을 지우기까지 2주가 걸려 페이스북에 엄청난 비난이 쏟아졌다.

국내의 경우, 2016년 3월 인터넷방송 진행자 2명이 재판에 넘겨졌다. 이들은 미성년자에게 남성과 성관계를 시키고 이 장면을 인터넷으로 방송한 혐의를 받고 있다. 이들은 미리 방송을 예고한 뒤 2만

그림 17-3 살인현장 중계

자신의 연쇄살인 현장을 SNS로 생중계한 용의자 사건을 국내 언론이 보도하고 있다. 출처: 채널A

원 이상을 낸 유료 시청자에게만 성행위 장면을 공개했다. 20분가량의 영상으로 7백만여 원의 수익을 올렸다고 한다. 이들은 2015년에 길거리 인터뷰를 빌미로 여성의 특정 신체부위를 촬영해 방송한 혐의도 함께 받고 있다.

신작 영화를 상영하거나 음란영상을 방송해 팔로워를 늘리고 계정을 비싼 값에 팔거나 방송 도중 도박·성매매 사이트를 광고해 유인하기도 한다. 대학생 이모(26) 씨는 "라이브 방송으로 신작 영화 한 편을 다 보고 다른 영화를 더 볼 수 있다는 주소를 클릭했더니 도박 사이트 가입 화면으로 연결됐다"라고 말했다.

원인과 실태

페이스북 라이브 서비스는 해당 애플리케이션을 설치한 사람이라면 별도의 장비 없이 누구나 활용할 수 있고 실시간 동영상을 시청할 때도 연령제한 등의 기준이 없다. 페이스북이 삭제 조치를 취하기 전에는 청소년, 심지어 어린아이에게도 잔혹한 영상이 그대로 노출된다. 스마트폰 이용연령이 점점 낮아지는 상황에서 청소년의 모방심리를 유발할 수 있다는 우려가 기우는 아니다.

특히, 1인방송에 특별한 관심이 없어도 친구나 '팔로'한 사람이 방송을 시작하면 타임라인에서 방송을 접할 수 있으므로 본인이 원치 않아도 이런 생중계 영상을 접할 수 있다. 영상은 댓글이나 공유 등으로 확산하는데 전 세계 페이스북 사용자 20억 명이 그물망처럼 연결되어 있다 보니 영상이 가지는 파급력은 폭발적이다.

동영상 원본을 삭제한다고 해도 유포된 영상이 다른 웹사이트에 공유되는 것을 법적으로 제재할 수단이 없어 확산 차단이 어렵다. 또 영상을 삭제해도 이미 불법 복사본 등이 빠르게 퍼지므로 피해자와 가족, 지인이 받을 2차 피해 또한 심각하다.

이런 사건이 페이스북에 계속 일어나는 건 소셜네트워크 서비스를 충분히 통제하지 못하고 있다는 방증이다. 페이스북은 최근 자살이나 살인 등 끔찍한 범죄 장면이 걸러지지 않고 콘텐츠로 올라오자 효율적인 통제가 필요하다는 비판을 받고 있다.

해결방안

페이스북 측은 범죄와 관련되거나 흉포한 콘텐츠의 전파를 막기 위해 모니터링 강화를 약속했다. 페이스북 최고경영자는 자살·폭력·범죄 등과 관련된 비디오 생중계를 막기 위해 모니터링 인력 3천 명을 추가로 고용하겠다고 약속했다.

하지만 모니터링 인력을 아무리 확대해도 플랫폼에 올라오는 모든 영상을 감시하는 건 물리적으로 불가능하다. 이를 보완하기 위해 인공지능(AI)을 활용해 게시물을 감지하는 시스템도 운영하지만 인공지능이 정말 실효성 있게 활용되려면 많은 시간이 필요하다는 분석이다. 실시간 생중계가 아닌 일정 시간을 지연하는 방법, 페이스북 라이브 녹화영상 업로드를 일정 시간 지연하는 방법 등 기술적으로 가능한 대책이 필요하다.

방송통신심의위원회에 따르면 2015년 부적절한 방송으로 시정조치를 받은 인터넷 개인방송은 총 73건이었다. 이 가운데 도박이 44건으로 가장 많았고 성매매 등 음란관련 정보가 12건, 욕설이나 장애인 비하 등이 17건이었다. 하지만 모든 인터넷 개인방송을 확인할 수 없기 때문에 실제로는 더 많은 내용이 인터넷으로 방송된 것으로 추측할 뿐이다.

방통위도 수많은 개인방송을 일일이 관리하고 제재하는 게 불가능하다고 본다. 정보가 계속 남아 있을 경우 직접 규제를 할 수도 있지만 인터넷방송은 휘발성이 강하고 24시간 모든 방송을 모니터링하는 것도 불가능하기 때문이다.

방통위는 온·오프라인 방송 콘텐츠에 대해 69명의 모니터링팀을 운영하고 있지만 방송법 대상이 아닌 소셜미디어 라이브는 사후 심의에만 의존하고 있다. 방통심의위 측은 "최근 많이 늘어난 소셜미디어 라이브 개인 사용자를 모두 확인할 수는 없다"며 "돈을 받고 진행하는 유료 인터넷 개인방송이나 문제가 잦은 사용자를 블랙리스트에 올려 수시로 확인하고 있다"고 밝혔다.

페이스북을 포함한 대부분 인터넷업체는 정부규제 없이 자체 검열과 사후 제재에 의존하는데 SNS의 영향력이 점점 커지는 만큼 정부가 이를 방관해서는 안 된다는 목소리도 나오고 있다. 또 이러한 '잔혹 생중계'를 촬영하는 사람에 대한 처벌도 강화하여 발생을 원천적으로 막아야 한다는 의견도 있다. 결국 MCN의 힘은 각 개인이 콘텐츠를 만들고 배포하는 데서 나오는 만큼 그 힘을 가진 개인이 스스로 자정 노력을 기울일 수밖에 없다.

국내문헌

강상준 (2015). "심리적 사회적 측면에서 살펴보는 1인미디어: 우리는 왜 1인미디어에 열광하는가". 〈케이콘텐츠〉, 14호. 나주: 한국콘텐츠 진흥원.

권상희 (2009). 《뉴스의 미래》. 파주: 이담북스.

김강석 (2014). 《TV 뉴스 편집》. 서울: 커뮤니케이션북스.

김건우 (2017). 《1인미디어 당신의 콘텐츠를 캐스팅하라!》. 서울: 인포 더북스.

김선영 (2007). "'1인미디어'를 활용한 브랜드 커뮤니티의 특성이 소비자-브랜드 관계 형성에 미치는 영향에 관한 탐색적 연구". 연세대학교 정보대학원 디지털비즈니스전공 석사학위논문.

김은미·이주현 (2011). "뉴스 미디어로서의 트위터: 뉴스 의제와 뉴스에 대한 대화를 중심으로". 〈한국언론학보〉, 55권 6호, 152~180쪽.

김지수 (2004). "1인미디어, 블로그의 확산과 이슈". 〈정보통신정책〉, 16권 22호, 31~43쪽.

김환표 (편) (2014). 《트렌드 지식사전》, 2권. 서울: 인물과사상사.

박주현 (2014). 《인터넷 저널리즘에서 의제의 문제》. 서울: 커뮤니케이션북스.

배기형 (2016). 《MCN》. 서울: 커뮤니케이션북스.

백주영 (2014). "온라인 동영상 유통 비즈니스의 진화: MCN을 중심으로". 서강대학교 대학원 신문방송학과 석사학위논문.

서기만 (2011). "OTT 서비스의 이해와 전망".〈한국방송공학회지〉, 16권 1호, 91~101쪽.

신동흔 (2014). "방송 전송기술의 진화: 고화질 영상도 LTE로 막힘없이 이동하며 중계".〈신문과 방송〉, 522호. 서울: 한국언론진흥재단.

신근섭 (2002).《Basic 고교생을 위한 물리 용어사전》. 서울: 신원문화사.

엄성섭 (2003). "'뉴스특보'가 TV 시청률에 미치는 영향에 관한 연구: 매일경제TV(MBN) 이라크전 특보를 중심으로". 연세대학교 언론홍보대학원 방송영상전공 석사학위논문.

유튜브 연구회 (2014).《콘텐츠로 스타 되고 광고로 수익 얻는 유튜브》. 서울: 길벗.

윤영아 (2006). "1인미디어에서 사회적 관계망에 따른 자아표현에 관한 연구: 20대 싸이월드 미니홈피 사용자를 중심으로". 서강대학교 대학원 신문방송학과 석사학위논문.

이기현·유은경·이명호 (2001).〈텔레비전 보도프로그램의 뉴스가치 분석〉, 159쪽. 서울: 한국방송진흥원.

이재현 (2012). "글쓰기 공간으로서의 SNS: 재매개, 환유, 에크프라시스".〈커뮤니케이션 이론〉, 8권 1호, 323~351쪽. 서울: 한국언론학회.

_____ (2013).《SNS의 열 가지 얼굴》. 서울: 커뮤니케이션북스.

이호영·김희연·정부연·장덕진·김기훈 (2011).〈소셜미디어의 성장과 온라인 사회관계의 진화〉(기본연구 11-04). 진천: 정보통신정책연구원.

이호은 (2015).《스트리밍 시대의 비디오 저널리스트》. 서울: 커뮤니케이션북스.

임성희 (2015). "당신과 나 사이의 거리, 그리고 크리에이터".〈디아이투데이〉, 2015년 8월호. 서울: 디아이투데이.

임소혜·김연수 (2011). "뉴스의 실시간성과 유인가가 시청자의 심리적 반응에 미치는 영향: 생리심리적 반응과 뉴스에 대한 평가를 중심으로".〈미디어경제와 문화〉, 9권 2호, 44~84쪽.

임명환·한현수 (2008). 《시사용어: 방송과 통신의 융합시대에 꼭 챙겨야 할 시사상식》. 서울: 전자신문사.

임현찬 (2013). "통신기술 발달에 따른 정보전달 방식의 변화". 한국외국어대학교 논문, 5~6쪽.

정경열 (2012. 11. 2). "TV조선, 방송사상 최초 마라톤 전 구간 LTE 생중계". 〈조선일보 사보〉, 주간 제 2078호, 1쪽. 서울: 조선일보.

조영신 (2011). "스마트 TV를 둘러싼 경쟁 지형과 정책 방안: 미국과 한국의 OTT 사업자들을 중심으로". 〈한국방송학보〉, 25권 5호, 233~266쪽.

차배근 (1993). 《커뮤니케이션학 개론》. 서울: 세영사.

최명호 (2015). "MCN 동향: 모바일 친화적 콘텐츠로 부상". 〈디지에코 보고서 Issue&Trend〉. 서울: 디지에코.

최혜진 (2012). "속도 시대의 1인미디어의 문화와 이용자 인식 연구: 블로그 및 트위터 이용자와의 질적 심층인터뷰를 중심으로". 중앙대학교 신문방송대학원 신문방송학과 출판·정보미디어전공 석사학위논문.

허정희 (2009). "1인미디어의 '생산/이용' 모델의 속성에 관한 연구: 2008년 미국 쇠고기 수입 재협상 관련 촛불집회 사례를 중심으로". 서강대학교 영상대학원 영상미디어학과 석사학위논문.

황유선·이재현 (2011). 〈트위터에서의 뉴스 생산과 재생산: 8개 언론사와 일반인의 트윗 및 전파 행태에 관한 연구〉(언론재단연구서: 2011-02). 서울: 한국언론진흥재단.

황정선 (2006). "1인미디어를 활용한 브랜드커뮤니티의 브랜드충성도 형성에 관한 연구: 싸이월드 타운홈피를 중심으로". 서강대학교 대학원 신문방송학과 석사학위논문.

외국문헌

Arendt, H. (1970). *On violence*. CA: Harcourt Brace Jovanovich.

Bolter, J. D., & Grusin, R. (1999). *Remediation: Understanding New Media*. MA: The MIT Press. 이재현 (역) (2006). 《재매개: 뉴미디어의 계보학》. 서울: 커뮤니케이션북스.

Cummings, D. (2013). *Television News Construction in Converging*

Environments: Emerging Paradigms and Methodologies. Thesis for the degree of Doctor of Philosophy University of Sheffield Department of Journalism.

Everett, A. (2003). "Digitextuality and click theory: Theses on convergence media in the digital age". In A. Everett & J. T. Caldwell (Eds.), *New media: Theories and practices of digitextuality* (pp. 3~28). New York & London: Routledge.

Hausman, C., Messere, F., & Benoit, P. (2007). *Modern Radio Production: Product, Programming, Performance* (Wadsworth Series in Broadcast and Production). CA: Wardsworth Publishing.

Jakobson, R., & Halle, M. (1956). "Two aspects of language and two types of aphasic disturbances". In R. Jakobson & M. Halle, *Fundamentals of language.* Hague: Mouton.

Kovach, B., & Rosenstiel, T. (2003). *The Elements of Journalism: What News People Should Know and the Public Should Expect.* NY: Three Rivers Press.

Levinson, P. (2009). *New new media.* NY: Allyn & Bacon.

Live U (2016). *LiveU_intro_161010.* p. 8. NJ: Live U.

Lunt, P. (2004). "Liveness in Reality Television and Factual Broadcasting". *The Communication Review, 7* (4), pp. 329~335.

Manovich, L. (2001). *The Language of New Media.* MA: The MIT Press.

Moraru, C. (2005). "Intertextuality". In D. Herman, M. Jahn, & M.-L. Ryan (Eds.), *Encyclopedia of Narrative Theory* (pp. 256~261). London: Routledge.

Schuneman, R. S. (1996). "Visual Aspects of Television News, Communicator, Message, Equipment". *Journalism and Mass Communication Quarterly, 43* (2), pp. 281~286.

Tuggle, H., & Rosengard, D. (2002). "Live News Reporting: How a Young Demographic Views It". Presented at Association for Education in Journalism and Mass Communication National Conference, FL.

인터넷 문헌

강동철 (2017. 6. 17). "〔Tech & BIZ〕 TV가 아닌 SNS로 '생중계' 한다". 〈조선일보〉. URL: http://news. chosun. com/site/data/html_dir/ 2017/06/16/2017061601889. html.

강정수 (2014. 9. 30). "유튜브 생태계와 버즈피드의 약진". 〈슬로뉴스〉. URL: http://slownews. kr/30968.

권혜미 (2015. 3. 6). "OTT: 인터넷을 통해 볼 수 있는 TV". 〈블로터〉. URL: http://www. bloter. net/.

김승록 (2016. 7). "1인미디어 시대의 영상콘텐츠 제작". 〈VDCM〉. URL: http://navercast. naver. com/magazine_contents. nhn?rid=1 108&contents_id=119419&series_id=5879.

오승룡 (2015. 1. 6). "최초의 TV 중계차와 중계방송 그때 그 얘기". URL: http://blog. daum. net/jc21th/17782356.

이성규 (2014. 5. 14). "크롬캐스트와 OTT, 'TV 독점' 무너뜨릴까". 〈블로터〉. URL: http://www. bloter. net/archives/192286.

이정구 (2017. 6. 17). "〔Why〕 스마트폰으로 일상을 생중계 … 페북·인스타 라이브 방송의 명암". 〈조선일보〉. URL: http://news. chosun. com/site/data/html_dir/2017/06/16/2017061601611. html.

최명호 (2015. 5. 27). "MCN 동향: 모바일 친화적 콘텐츠로 부상". 〈디지에코〉. URL: http://www. digieco. co. kr/KTFront/report/report_ issue_trend_view. action?board_id=issue_trend&board_seq=10233.

Stevens, J. (2012). Backpack Journalism Is Here to Stay. *Online Journalism Review*. URL: http://www. ojr. org/ojr/workplace/101 7771575. php.

Youtube (2017). "Youtube 파트너 프로그램 정보". URL: https://support. google. com/youtube/topic/6029709?hl=ko&ref_topic=14965f_topic =14965.

뉴미디어와 정보사회 개정판

이 책은 정보사회를 살아가는 데 필요한 지식으로서 매스미디어를 이해하려는 사람들에게 체계적인 이해의 틀을 제공하는 목적에 충실하였으며, 전문적 이론보다는 매스미디어의 실제 현상을 쉽게 이해할 수 있도록 서술하였다. 개정판에서는 기존의 구성을 유지하면서 최근의 다양한 변화, 특히 뉴미디어의 도입에 따른 변화와 모바일 웹, 종합편성채널, 미디어산업에서의 빅데이터 활용 등에 초점을 맞추었으며, 매스미디어의 실제 현상 역시 최신의 사례로 업데이트하였다.

오택섭·강현두·최정호·안재현 지음 | 크라운판 | 528면 | 값 28,000원

디지털시대의 미디어와 사회

물리적 세계를 넘어 삶마저도 디지털화되는 사회에서 미디어는 어떤 모습이며 어떤 방향으로 나아가고 우리는 이를 어떻게 수용해야 하는가? 디지털이 일상으로 파고들었지만 그간의 기간이 그리 길지는 않았기에 아직 미디어의 디지털화에 따른 변화양상과 역할, 영향 등을 폭넓게 다룬 책이 없었다. 이 책은 미디어의 기술적 진화에 따라 사회와 산업, 시장에 영향을 미치는 과정과 이에 따른 이론적 논의 및 법과 제도의 변화 등을 폭 넓게 살폈다.

김영석(연세대) 외 지음 | 크라운판 변형 | 462면 | 29,000원

스마트미디어
테크놀로지·시장·인간

이 책은 테크놀로지, 시장, 인간의 방향에서 스마트미디어에 접근한다. 이를 위해 15명의 언론학자들이 각자의 연구 분야에서의 다양한 물음을 정리하고 답변을 찾는 방식으로 스마트미디어가 야기하는 시장 경쟁, 규제, 이용자 이슈 등을 논한다. 기술의 현재와 사례를 주로 다루는 기존의 스마트미디어 관련 도서에 비해 이 책은 테크놀로지, 시장, 인간에 대한 고민과 탐색, 전망에 중점을 두어 독자에게 스마트미디어 사회를 더욱 깊게 이해할 수 있게 하고 향후 관련된 더 풍부한 논의를 촉진시킬 것이다.

김영석(연세대) 외 지음 | 신국판 | 468면 | 값 22,000원

융합과 통섭
다중매체환경에서의 언론학 연구방법

'융합'과 '통섭'의 이름으로 젊은 언론학자 19명이 모였다. 급변하는 다중매체환경 속 인간과 사회를 능동적으로 이해하고 설명하는 것은 언론학 연구의 임무이자 과제다. 이를 위해서는 관례와 고정관념을 탈피하려는 다양한 고민과 시도가 연구방법으로 이어져야 한다. 38대 한국언론학회 기획연구 워크숍 발표자료를 엮은 이 책은 참신하고 다양한 언론학 연구방법을 고민하는 이들에게 소중한 지침서가 될 것이다.

한국언론학회 엮음 | 크라운판 변형 | 520면 | 32,000원

정치적 소통과 SNS

뉴스, 광고, 인간관계에까지 우리 일상 어디에나 SNS가 있다. 그렇다면 과연 우리는 SNS에 대해 얼마나 알고 있을까? 커뮤니케이션 연구와 교육의 최전선에 있는 한국언론학회 필진이 뜻을 모아 집필한 이 책은 SNS에 관한 국내외의 사례와 이론을 폭넓게 아우른다. 왜 우리는 SNS를 사용하게 되었나부터, 어떻게 사용하고 있나, 또 앞으로 어떻게 사용해야 하나까지 과거, 현재, 미래에 대한 통찰이 담겨 있다.

한국언론학회 엮음 | 크라운판 변형 | 456면 | 27,000원

SNS 혁명의 신화와 실제
'토크, 플레이, 러브'의 진화

요즈음 전성기를 구가하고 있는 소셜미디어는 사람들 간 진지한 관계나 대화를 담보할 수 있는가? 인류의 오래된 희망인 관계의 수평화 · 평등화를 가능케 할 것인가? 이 책은 내로라하는 커뮤니케이션 소장학자들이 발랄하면서도 진지한 작업 끝에 내놓은 결과물이다. 소셜미디어의 모든 것을 분해하고, 다시 종합하는 이 책을 통해 독자들은 소셜미디어 혁명의 허와 실을 간파하게 될 것이다.

김은미(서울대) · 이동후(인천대) · 임영호(부산대) · 정일권(광운대) 지음 | 크라운판 변형 | 320면 | 20,000원